구상문학총서
제2권 詩

오늘 속의 영원, 영원 속의 오늘

구상문학총서
제2권 詩
오늘 속의 영원, 영원 속의 오늘

글쓴이 구상
펴낸이 이재철
만든이 정애주

편집 옥명호 정성수 이현주 한미영 이경희
제작·미술 홍순흥 권진숙 서재은
영업 오민택 백창석
관리 이남진 박승기
총무 정희자 김은오
품회원관리 이순이 국효숙

펴낸날 2004. 1. 9. 초판 1쇄 인쇄
2004. 1. 20. 초판 1쇄 발행
펴낸곳 주식회사 홍성사
1977. 8. 1. 등록 / 제 1-499호
121-885 서울시 마포구 합정동 377-9
TEL.02)333-5161 FAX.02)333-5165
http://www.hsbooks.com E-mail:hsbooks@hsbooks.com

ⓒ 구상, 2004

ISBN 89-365-0658-7
값 19,000원   ※잘못된 책은 바꿔드립니다.

日常

제 2 권 詩

오늘 속의 영원, 영원 속의 오늘

일러두기
1 원문에서 한자로만 표기된 글자는 한글과 병기하였고, 의미 소통에 문제가 없는 부분은 한글로 바꾸었다.
2 한글 맞춤법과 외래어 표기법에 맞지 않는 부분들은, 저자의 의도를 최대한 살리는 데 원칙을 두되 일부 수정을 거쳤다.
3 본문에 나오는 각주는 모두 저자 주이다.

차례

책머리에 깊은 명상과 신비에 눈 뜬 시   15

1
한 알의 사과 속에는

나   25
선정(禪定)   27
점경(點景)   29
조화(造化) 속에서   31
겨울 과수원에서   33
암비(暗秘)   35
오도(午禱)   37
한 알의 사과 속에는   38
조약돌   39
단상1속(斷想一束)   41
허(虛)의 장(章)   44
독락(獨樂)의 장(章)   46
목숨이여   48
그이의 일생(一生)   50
옥상실존(屋上實存)   51
차창(車窓)에서   53
시법(詩法)   55
실성1장(失性一章)   57
잡초분재(雜草盆栽)   59
망월(望月)   60
석등(石燈)   61

마음의 눈만 뜬다면　63
나그네 1　65
나그네 2　67
귀가(歸家)　70
한낮의 어둠　71
어느 가로등　72
귀뚜라미　73
나의 시 1　74
시와 기어(綺語)　76
나의 시 2　78
시론(詩論)　80
시어(詩語)　82
신록(新綠)을 바라보며　84
봄의 불협화음　86
뿌리송(頌) 1　88
뿌리송(頌) 2　90
얼굴　92
미륵보살반가사유상(彌勒菩薩半跏思惟像)　94
백자(白磁)　96
신라토기(新羅土器)　98
어느 바윗돌　100
어느 돌덩이　102
민들레　104
고목(枯木)　106
윤중제를 거닐면서　108
점경(點景)　110
조그만 이변　112
마지막 잎새　115
눈　117
공기(空氣)의 독백　118
어느 친구　120

어버이날에 온 편지 122
오늘 125
매미 울음 126
어느 그림 한 폭 128
어느 골목 가로등 130
장독대 131

2 구상무상

만화(漫畵) 135
백련(白蓮) 136
은행(銀杏) 138
정경(情景) 139
옥중춘전(獄中春箋) 140
고모역(顧母驛) 141
성묘단(省墓團)을 맞을 때마다 142
가을 병실(病室) 143
구상무상(具常無常) 146
길 147
제2항로(第二航路) 149
발길에 차인 돌멩이와 어리석은 사나이와 151
꽃과 주사약 153
바다 154
잠 못 이루는 밤에 155
열(熱) 157
유언(遺言) 159
까까와 내일 161

시 여담(詩餘談)   163
나는 이 속에서   165
근황 1   167
근황 2   169
근황 3   171
근황 4   173
서중우음(暑中偶吟)   176
부음(訃音)   178
임종예습(臨終豫習)   180
병상우음(病床偶吟) 1   182
병상우음(病床偶吟) 2   183
병상우음(病床偶吟) 3   184
병후(病後)   185
나는 혼자서 알아낸다   186
노부부(老夫婦)   188
노처(老妻)   190
어느 노우(老友)   192
여정(旅情)   193
노경(老境)   194
나는 알고 또한 믿고 있다   196
홀로와 더불어   198
네 마음에다   199
내 마음의 울 속에는   200
고요   202
고백   204
임종고백(臨終告白)   206
새봄의 조화   208
어느 비 개인 석양(夕陽)   209
노년(老年)   211
늙은이 병치레   213
삶과 죽음 1   215

삶과 죽음 2　217
몰염치, 파렴치 세상　219
원경(遠景)　221
우음(偶吟)　223
인정 이야기　224
어느 이웃의 이사　226
어떤 충고　228
죽은 이들과 더불어　230
수의(壽衣)　232
유명(幽明)의 데이트　234
어느 늙은이의 나들이　236
도쿄통신(東京通信) 3제(三題)　240
죽음의 여러 모습　245
어느 피서(避暑) 여행　247
어느 원자연(原自然)의 삶　249
천국행 공부　250
저승의 문턱에서　252

③ 출애급기 별장

수난(受難)의 장(章)　257
예언(豫言)　259
여명도(黎明圖) 1　260
여명도(黎明圖) 2　262
출애급기 별장(出埃及記 別章)　264
자수(自首)　265
진범(眞犯)　267

내가 모세의 선지(先知)와 진노(震怒)를 빌려서　268
상황(狀況)　270
실어증(失語症)　272
수치(羞恥)　274
산 이야기　275
월남기행(越南紀行)　277
가고파　281
송악(松嶽) OP에서　282
사각(死角)에서　283
진혼곡(鎭魂曲)　285
대행사(大行寺)에서　286
어느 회상(回想)　288
억수　290
변성(變聲)　292
생활소경(生活小景)　293
아침 체조　296
어느 꽃숲　298
마치 벌과 꽃이 호혜(互惠) 속에 살 듯　299
펜의 명(銘) 1　300
신이여! 이 시각　302
진실로 제 나라 제 겨레를　304
조국아! 늬는　306
어느 까치들의 울음　307
드레퓌스의 벤치에서　309
고목(枯木)　311
황금 송아지를 몰아내야　313
인류의 맹점(盲點)에서　315
가장 사나운 짐승　317

❹ 말씀의 실상

말씀의 실상(實相)   321
신령한 새싹   323
신령한 소유(所有)   325
어느 정회(情懷)   327
비의(秘儀)   329
요한에게   331
우도(右盜) 이야기   333
그분이 홀로서 가듯   336
무소부재(無所不在)   338
비롯함도 마침도 없는 님아   342
신도행전(信徒行傳)   344
이름 모를 짐승이 되어   346
성탄절 고음(苦吟)   347
성탄을 일흔 번도 넘어   349
부활송(復活頌)   351
부활절   353
성모상 앞에서   355
성모 마리아   357
또 하나의 금단(禁斷)   358
우리 교황님   361
주의 이름으로 오시는 이여   363
바로 그것이 이 땅의 빛   365
신령한 혼인   366
신령한 정화(淨化)   367
나자렛 예수   369
우리가 전하는 말씀에   373
우매(愚昧)   375

마음의 눈을 뜨니 377
은총에 눈이 떠서 379
원죄의 되풀이 381
창세기의 재음미 382
무명도(無明圖) 384
두 가지 잠언(箴言) 386

5 봄맞이 춤

봄맞이 춤 391
봄 빨래 393
봄 국화 395
봄 바다 3장 398
어느 꽃씨의 전설 400
마을 밤 402
소야곡(小夜曲) 403
하일서경(夏日敍景) 406
실향(失鄕) 바다 408
가을 점경(點景) 411
달밤 2경 413
대숲 415
초동(初冬)의 서정(抒情) 417
겨울 거리에서 419
빙상(氷上)의 발레리나 421
여인상(女人像) 423
에로스 소묘(素描) 425
한라산 429
장수읍(長水邑) 430

6 무궁화

그것은 실로 위대한   435
그대들의 시(詩)   436
열일곱 이 넋들이   438
무궁화   439
새해   440
새해 펜을 위한 기원(祈願)   442
나의 무능(無能)과 무력(無力)도 감사하고   444
새해는 양심의 해   446
우리의 8월   450
8월의 파랑새를   452
우리의 8월은 우리가   454
아시아의 아침   456
태양의 제전(祭典)   461
우리의 파랑새는 우리가   465
세종대왕을 기리고 그리며   469
펜의 명(銘) 2   472

작가 연보   476

책머리에

깊은 명상과 신비에 눈뜬 시

안선재(Anthony Teague, 서강대 교수)

성서에 "진리가 너희를 자유롭게 하리라"라는 말이 있다. 구상의 시가 심오한 내면적 자유를 구현하고 있다는 점은 의심의 여지가 없다. 그 자유는 고통의 체험에서 생성된 것으로, 불변하는 모든 것들을 부단히 수용한 결과이다. 그렇지만 수용과 굴복은 엄연히 다르다. 그가 한 순간도 굴복하지 않았다는 사실은 그의 시와 삶이 심오한 진정성의 표적을 지닌 데서 연유한다.

삶의 진정성이 공적인 발언과 사적인 행동이 조화를 이루게 하는 것이라면 이 진정성을 뒷받침하는 진리, 즉 인간을 자유롭게 하는 진리는 정태적인 교조(敎條)가 아니다. 구상의 일생은 진리의 모색으로 설명될 수 있고, 그래서 그의 시들은 그 길을 따라간 발자취의 기록이기도 하다. 사실상 구상의 모색은 근본적으로 종교적인 진리에 대한 것이었다. 가톨릭 집안에서 태어나기는 했지만—북한에서 옥사한 것으로 보이는 친형은 사제였다—, 그는 안이하게 신앙의 길을 찾지는 못했다. 수년에 걸친 일본유학 시절에, 그는 동서양의 종교철학의 포괄적인 표현과 현대 유럽 철학의 급진적 회의론과 절망을 접하고 충격과 함께 깊은 의문을 갖게 되었다. 이 무렵의 충격을 통해서 비로소 그는 신앙의 길에 접어들 수 있었다. 구상에게 있어 시는 일상사에 숨어 있는 진리를 표현하기 위해 말을 찾아내려는 하루하루의 시도에서 나오는 것이다. 이런 면에서 볼 때 그를 명상시인이며, 신비의 시인이라고도 부를 수 있을 것 같다. 그는 서구의 상징주의 등에서 도입된 이국적 심상, 풍부한 음률, 개인적인 주제 등은 신중하게 배제한다. 그는 항상 단순한 순간과 단순한 장면, 단순한 사건을 환기하는 편이며, 그것들에서 함축적인 의미를 감지한다. 그는 묻는다. 그의 많은 심오한 시들은 확실히 질문을 포함하고 있다. 그는 낱말 자체가 현실을 변화시키거나 고통을 없애주거나, 질문에 대답한다고는 생각하지 않기 때문에 궁색하게 확언 등을 하지는 않는다.

이제 우리는 그가 주로 사용하는 방법이 질문, 개방 그리고 종합이라는 사실을 알게 된다. 왜냐하면 실제적 행동을 취한다면, 결국 체계적인 불가지론—모든 인간 존재를 지배하는 의문의 묘한 향기—밖에 될 수 없을 것이기 때문이다. 구상의 모색 너머에는 반드시 발견이 있다. 그의 시들은 탐색의 기록이지만 그에 상응하는 발견의 기록이기도 하다. 그가 찾아 헤맨 것은 진실로 그 자신이 받아들일 만한 신념의 가능성이다. 그것은 죽은 전통에 대한 부담이 아니라, 가톨릭에 대한 살아 있는 믿음이다. 그는 생의 의미를 푸는 실마리가 나자렛 예수—질문하기를 좋아했고, 그의 제자들로 하여금 끝까지 스스로 해답을 찾게 한 사람—라는 사실을 날카로운 직관적 통찰로써 알게 되었다.

구상의 발견은 여러 시에 그 징후를 남기지만, 그 정확한 형태는 그의 자서전에 숨겨져 있다. 그것은 기독교적 소망의 형이상학인데, 이는 순간적인 개종의 결과는 아니다. 그것은 경험과 독서 그리고 명상, 대화와 기도의 결과이다. 비신앙인들에게는 가톨릭 교회가 신도들 각자에게 불변하는 신조의 명확한 양태를 강요하는 것처럼 보일지 모르나, 사실은 그렇지 않다. '매일마다

치르는 신의 장례'를 노래하던 일본 시절부터 한국의 선구적인 가톨릭 시인으로서 오늘의 지위에 이르기까지 구상의 시 세계가 뚜렷하고 끊임없는 발전과정을 겪어왔음을 알 수 있다.

더욱이 구상의 신앙이 '신의 죽음'에 대한 가능성을 구하며 흘려보낸 세월의 결과라는 사실은 무척 중요한 것이다. 이는 그의 자유가 지닌 비밀에 속하는 부분임이 확실하다. 왜냐하면 신, 즉 궁극적인 의미의 존재를 거부하는 것처럼 보였던 철학서들을 넘어서는 하나의 길을 찾을 수 있었기 때문이다. 이는 신의 존재론을 주장했던 그 다른 책들 덕분이다. 그의 시가 갖는 심오한 의미를 제대로 감지하려면 그가 읽은 현대 프랑스의 중요한 가톨릭 철학자들―쟈크 마르탱, 가브리엘 마르셀, 쟝 기통 등의 글을 읽어야 한다. 그들은 20세기적 삶의 실상과 교회에 대한 영원한 믿음을 조화시키려고 고심했던 사람들이다. 또 테야르 드 샤르댕의 작품을 읽으면, 구상의 시가 왜 거대한 우주적 차원으로 가득 차 있는지를 알 수 있다. 신앙에 대한 반발과는 상관없이, 천체물리학과 물리학 분야에서 이루어진 근대 과학의 발견은 그 우주적 차원을 공고히 하는 데 기여했다. 구상 작품의 다른 생동적인 면은 특히 동양적 정체성(identity)을 보존하고 있다는 점에 있다. 그의 문학은 서구적·기독교적 전통이 아니라 동양적, 더 넓게 말해 불교적·도교적 전통 속에 자리잡고 있다.

구상의 시를 넓게 사회풍자시, 산문시, 자연시, 선시(禪詩)의 4개 범주로 분류할 수 있다. 구상이 현대사회의 타락에 대해 발언하는 많은 시들 속에는 시각적 관찰이라는 효과적인 요소가 있다. 그의 많은 시는 예리한 안목이 돋보이는 특별한 장면이나 사건에서 출발한다. 명민한 관찰자는 그 장면과 사건이 한국 상황의 비인간성과 도덕적 타락상을 암시하고 있다는 사실을 안다.

그는 논쟁으로 시간을 허비하지 않으며 항상 괴로움, 더러움, 추함을 한없는 연민으로 바라본다. 그의 눈은 어린아이의 웃음처럼 단순한 어떤 것에 들어 있을 만한 희망의 손짓을 갈망한다. 이러한 시들의 어조는 신랄한 것이 아니라, 가장 관심을 기울여야 하는 것에 그토록 무감각할 수 있는 사회의 어리석음을 비웃는 것에 가깝다.

많은 한국의 시인들처럼 구상도 여러 작품을 짧은 시행이나 연으로 나누지 않은 것이 있다. 대신에 어떤 순간의 경험을 간단하고 짧은 산문으로 기술한다. 이런 표현 형태는 어떤 현대 서구의 시에서도 발견되지 않는 것이다. 보통 서구의 산문시는 문법이나 결속성을 희생하더라도 느낌 대신 풍부한 음상(音相)을 특징으로 삼은 서정시이다. 지극히 주관적인 구상 산문시의 화자는 요즘 상황이나 또는 과거의 기억을 직설적으로 전달한다. 이는 단지 개인적인 차원 이상의 의미를 가지고 있음을 시사한다.

이와 같은 직접성은, 〈그리스도 폴의 강〉 또는 〈밭 일기〉 등을 비롯한 구상의 자연시 대부분에서 확인할 수 있다. 여기에서 서구 낭만주의의 황홀과는 거리가 먼, 동양의 위대한 전통에 한 걸음 더 접근한다. 이러한 시들이 전달하는 것은 압도적인 숭고함이 아니다. 구상 작품 속의 '환희'는 오히려 한적한 오후, 집에서 찾기 쉬울지 모른다. 그러나 점진적으로 심화하는 인생의 진실에 대한 이해는 자연의 무상한 과정 속에 반영된다.

동양의 시인들은 자연의 심상을 이런 방식으로 사용하거나, 심지어 개인적인 문제의 세부를 은폐하는 가면으로 줄곧 사용해왔다. 구상이 한강이나 다른 많은 시내의 흐름에 잠겨서 발견하는 것은, 우리 인생에서 흘러간 시간은 되돌아오지 않는다는 사실이다. 그는 헤라클레이토스처럼 체험을 통해, 강은 절대로 같은 강이 아니며 각각의 순간이 유일하고 대체할 수 없는 것이라는 사실을 알게 된다. 모든 것이 변덕스럽다거나 불안정하다고 생각하지 않고 오히려 시간의 흐름을 경험하면서 그는 궁극적인 영원성의 구족(具足)을 상기한다. 또한 우리의 사소한 이야기가 흘러들 무한한 환희의 바다를 상기한다. 물질계 너머는 완전한 비어있음을 의미하는 '허공(虛空)'으로 표현된다. 그렇지만 그의 시에는, 영원한 공허는 상상할 수 없으며 말할 수도 없는 것이며 기독교적 의미에서 신 그 자체라는 새로운 자각이 담겨 있다. 구상의 시에서 '하느님'이라는 말이 거의 나오지 않는다는 점은 매우 중요한 실마리이다. 이러한 신중함 덕분에 신의 존재에 대한 확신은 더욱 강화된다. 그래서 영원의 바다로 들어가는 인간의 마지막 관문인 죽음 역시 부활에 대한 희망으로 표시된다. 부활의 희망은 구상이 우리에게 준 가장 귀중한 선물의 하나인 셈이다. 왜냐하면 이는 죽음이라 부르는 삶의 그 근원적인 신비에 대한 서구적인 이해와 불교적인 이해를 대단히 직관적으로 통합하려는 시점이기 때문이다.

다른 자연시에서는 강은 역시 여기서도 흘러가지만, 우리는 밭과 나무, 수확과 농사 등의 리듬이 더 친근하다. 봄이 돌아오고 농작물이 싹을 틔우는 것 등은 우리에게 다소 위로가 되는 시간의 경험이다. 또한 사나운 바람과 장마철의 홍수가 있기는 하지만, 풍요로운 추수를 기대하게 되는 것도 마찬가지이다. 식물은 이름이 있게 마련이지만, 여의도 아파트의 발코니에서 이름 모를 식물이 가루 같은 꽃을 피우더라도 우리는 기쁘다. 구상은 북부지방의 시골에서 자랐다. 그의 유년시절은 고통스러웠지만 행복했다. 그의 고향 원산은 돌아오지 않는 다리 너머의 잃어버린 낙원으로 자리잡는다. 경험은 그의 작품의 중심에 있다. 그러나 최

근에 선시(禪詩)를 발견하면서 그는, 시적이거나 미적이어야 한다는 부담 없이, 특별한 깨달음의 순간을 간명하게 환기하는 것의 중요성을 믿게 되었다. 어떤 독자는 썩 명예롭지 못한 내면의 비밀이나 꿈을 이야기하는 구상의 화법에 놀라기도 한다. 그는 신에게 가야 하고, 당위가 아니라 존재로서의 의미를 찾아야 한다고 대답한다. 그래서 선시 〈유치찬란〉은 신중한 정직성이 겪는 긴 도정 가운데 단지 한 절정일 뿐이다. 이는 진리에 대한 모색의 출발점이다.

좀더 깊이 살펴보면, 세상이 어리석고 사회가 정의롭지 못하다는 사실에 대해 구상은 화를 내기보다는 즐거움을 느껴왔다. 그는 쓴웃음이 깃든 유머를 통해 도시화가 아름다움을 망가뜨렸다고 주장한다. 〈까마귀〉는 아무 것도 아닌 것을 추구하기에 급급한 인간의 어리석음을 지적하는 해학적인 예언자이다. 거짓말과 독재는 모욕보다 조소에 더 약하다. 구상이 선(禪)을 실천하는 스님들과 잘 어울리는 것은 놀라운 일이 아니다. 선 속에서 우리는, 분리된 채 웃을 수 있는 똑같은 능력을 볼지도 모른다. 구상의 가장 중요한 작품이 전기적인 경험을 담은 시편들(《모과 옹두리에도 사연이》 등)에 있다는 사실을 조만간 깨닫게 될 것이다. 그 시들은 구상이 가장 성실하게 가장 거칠고 무의미한 듯 느껴지는 삶의 국면에서 나오는 희한한 이야기를 들으려고 노력하는 바로 그 지점에 있기 때문이다.

요컨대 구상은 형이상학적 관점을 가진 시인이다. 그의 시에서는 모든 것이 기독교적 형이상학의 틀에 맞추어져 있다. 이를테면, 창조-추락-구제-은총-죽음-영원이다. 스스로는 다음과 같이 간명하게 시로 말하고 있다.

그렇다! 세상에는/ 시 아닌 것이/ 정녕, 하나도 없다.// 사람을 비롯해서/ 모든 것과 모든 일 속의 / 참되고 착하고 아름다운 것은/ 모두가 다 시다.// 아니, 사람 누구에게나/ 또한 모든 것과 모든 일 속에는/ 진·선·미가 깃들여 있다.// 죄 많은 곳에도 하느님의 은총이/ 풍성하듯이 말이다.// 그것을 찾아내서/ 마치 어린애처럼/ 맛보고 누리는 것이/ 시인이다.
 －〈시심〉

　요즈음 죽음이 그리 멀지 않았음을 느끼는 구상은 자신을 '노목'으로 표현한다. 그러나 몇몇 시에서 보듯이, 죽을 것처럼 보이던 작은 가지에 봉오리 맺는 봄꽃을 보고 환희를 느낀다. 그것을 부활의 선언이라고 말한다. 일흔이 넘은 구상의 시 속에서, 세심히 관찰하기를 좋아하는 사람은 영원한 봄의 약속인 어린 꽃의 생기를 볼 수 있을 것이다. 그래서 옆집 소녀는 말한다. "그는 마치 혼자 노는 소년 같아요"라고.

1

한 알의 사과 속에는

나

내 안에 사지(四肢)를 버둥거리는
어린애들처럼
크고 작은 희로애락(喜怒哀樂)의 뿌리
그보다도

미닫이에 밤 그림자같이
꼬리를 휘젓는 육근(六根)이나 칠죄(七罪)*의
심해어(深海魚)보다도

옹기굴 속 무명(無明)을 지나
원죄(原罪)와 업보(業報)의 마당에
널려 있는 우주진(宇宙塵)보다도

또다시 거품으로 녹아 흐르고
마른 풀같이 바삭거리는
원초(原初)와 시간의 지층을 빠져나가서
사막에 치솟는 샘물과
빙하(氷河)의 균열(龜裂), 오오 입자(粒子)의 파열(破裂)!
그보다도

광막(廣漠)한 우주 안에

좁쌀알보다, 작게 떠 있는
지구보다도

억조광년(億兆光年)의 별빛을 넘은
허막(虛漠)의 바다에
충만해 있는 에테르보다도
그 충만이 주는 구유(具有)보다도
그 반대의 허무(虛無)보다도
미지(未知)의 죽음보다도

보다 더 큰
우주 안의 소리 없는 절규!
영원을 안으로 품은 방대(厖大)!

나.

● 칠죄 : 가톨릭에서는 죄의 근원을 교만, 인색, 음란, 분노, 탐욕, 질투, 태만 등 일곱 가지를 들어 그것을 칠죄종(七罪宗)이라고 말함.

선정(禪定)

늙은 바위 번들번들한 뒷머리에
푸른 벌레가 알을 슬 듯
파릇파릇 이끼가 돋아 있다.

백곡(百穀)이 움트는 봄비의 소치(所致)런가?
아니면 백세(百歲) 바위의
소생(蘇生)하는 유치(幼稚)런가?

이제 꽃도 열매도
잎사귀도 소용치 않고
비바람도 천둥 번개도 들리지 않고
밤도 낮도 분간이 없고
악취나 향내도 모르고
과거와 현실과 꿈이 다를 바 없는
경계(境界).

바위의 안은 암거(暗渠)의 흐름이 아니라
아침의 햇발을 받은 영창(映窓)의 청명(淸明)!
하늘의 저 허허창창(虛虛蒼蒼)과도 면오(面晤)하고
이 지상(地上), 버라이어티의 문란(紊亂)도 관용(寬容)하고
저 대양(大洋)의 넘실거림도

홀로의 묵좌(默坐)로서 진정(鎭靜)한다.

'그러나 나는 알라딘의 램프*가 아니다'

무심(無心)한 바위에
세심(細心)히 낀 이끼
선정(禪定)의 광경이여!

● 알라딘의 램프 : 아라비안 나이트 설화에 나오는, 어떤 욕망이나 염원도 다 채워 준다는 램프.

점경(點景)

산허리 무밭가
춘곤(春困)에 조는 늙은 바위에
쉬파리 한 마리 놀고 있다.

영(嶺)으로 오르는 산길 풀섶에
묵은 냄비뚜껑만 한 쇠똥엘
뻔질나게 드나들면서
바위의 응달진 허리에도 붙어보고
햇볕에 단 이마에도 앉아보고
움푹 파인 숫구멍에 괸
빗물에 촉촉이 젖어도 보고

손발을 살살 빌어도 보고
눈곱 같은 찌를 깔겨도 보고
서캐 같은 알을 슬어도 보고

이번엔 무밭 한가운데 홍일점(紅一點) 끼어든
봄 국화 꽃술에 날아가 앉아서
영사막(映寫幕)에 홀린 소년처럼
지평선까지 평면으로 전개된
들과 강과 길을 내려다보는데

세상은 일시에 모두 정지되어
푸른 송장이 된 것같이
숨소리도 없는 이 순간,
기아(飢餓)와 멸시(蔑視)와 살육(殺戮)에서 해방된 순간
저주(詛呪)와 모반(謀反)도 없는 이 순간,

너, 쉬파리 똥파리
어쩐지 이 고요가
서러운 공포가 되며
산울림하게 왕왕, 울어 보누나.

조화(造化) 속에서

울밑 장독대를 빙 둘러
채송화가 피어 있다.

희고 연연한 몸매에
색색의 꽃술을 달고
저마다 간드러진 태를 짓고
서로 어깨를 떠밀기도 하고
얼굴을 비비기도 하며 피어 있다.

하늘엔 수박달이 높이 걸리고
이슬이 젖어드는 이슥한 밤인데
막내딸 가슴의 브로치만큼씩 한
죄그만 나비들이 찾아들어
꽃술 위를 하늘하늘 날고 있다.

노랑,
빨강,
분홍,
연두,
보라,
자주,

이 꽃술에서 저 꽃술로
꽃가루를 옮겨 나르는 나비들!
이른 봄부터 밤마저 새워가며
그 수도 없이 날던 나비 떼들!

알록달록 채송화의 꽃물을 들이기에
저 미물(微物)들이 여러 천년을 거듭하는
억만(億萬)의 역사(役事)를 하였겠구나.

헛간 뒤 감나무의 짓무른 홍시도
입추(立秋) 전까지는 입이 부르트게 떫었으며
저 뒷동산의 밤송이도
가시를 곤두세워 얼씬도 못하게 하더니만
알을 익혀 하강(下降)의 기름칠을 하고는
입을 제 스스로 벌렸다.

오오, 만물은 저마다
현신(現身)과 내일의 의미를 알고
서로가 서로를 지성(至誠)으로 도와
저렇듯 어울리며 사는데

사람인 나 홀로 이 밤
울타리에 썩어가는 말뚝이듯
아무 것도 모르며 섰는가?

겨울 과수원에서

흰눈이 소금같이 뿌려진
과수원에
한 그루 매화의 굵고 검은 가지가
승리의 V자를 지었고
그 언저리를 부활의 화관(花冠)인 듯
꽃이 만발하다.

'보라! 나의 안에 생명을 둔 자
죽어도 죽지 않으리니
보이지 않는 실재(實在)를
너희는 의심치 말라'

까치가 한 마리 이 가지 저 가지를
해롱대며 날아다닌다.

  *

폐(肺)의 공동(空洞)처럼 뻥 뚫린 구덩이 옆에
한 그루 아름드리 사과나무가
송장처럼 뻐드러져 있다.

그림자처럼 어두운 사내가
지게를 지고 와서
도끼로 마른 가지를 쳐내고
몸뚱이를 패서 지고 간다.

'보라! 형벌의 불 아궁 속으로 던져질
망자(亡者)의 몰골을,
그러므로 너희는 현존(現存)의 뿌리를
병들지 않도록 삼가라'

얼어붙은 하늘에 까마귀가
까옥까옥 날아간다.

암비(暗秘)

그 감방(監房)에 깔린 양탄자에는
꽉차리만큼 큰 무늬의
황금 해바라기가 불타고 있다.

팔각(八角)의 창에는
도시의 대양(大洋)이 넘실거리며
공장군함(軍艦)과 아파트기선(汽船)과
자질구레한 판잣집쪽배가 떠 있다.

하늘에는 이 시가를 휘덮는
검고 큰 박쥐가 새끼 박쥐를 거느리고
줄에 매여 날고 있고
방 속엔 발가벗은 사내가 무릎을 꿇고서
엄지와 검지로
노랑나비를 붙잡아 먹으려고
입을 크게 벌리고 있다.

제물로 짜진 한 벽 거울엔
그의 그림자 같은 제3의 사내가
입을 벌리고 춤을 추며
또 다른 나비를 쫓고 있고

맞은 벽은 예리한 칼날이 꽂힌 철창이
한 떨기 꽃이 핀 절벽과 마주하고 있다.

나의 심상(心象)은 암비(暗秘) 속에서
구원도 없는 광명을 향해
아름답게 울고 있다.

오도(午禱)

저 허공(虛空)과 나 사이 무명(無明)의 장막을 거두어 주오.
이 땅 위의 모든 경계선(境界線)과 철망과 담장을 거두어 주오.
사람들의 미움과 탐욕과 차별지(差別智)*를 거두어 주오.
나와 저들의 체념(諦念)과 절망을 거두어 주오.

소생케 해주오. 나에게 놀람과 눈물과 기도를,
소생케 해주오. 죽은 모든 이들의 꿈과 사랑을,
소생케 해주오. 인공이 빚어낸 자연의 모든 파상(破傷)을.

그리고 허락하오. 저 바위에게 말을, 이 바람에게 모습을,
 오오, 나에게 순수의 발광체(發光體)로 영생(永生)할 것을 허락
하오.

• 차별지 : 만물 만상의 근본을 평등으로 보지 않고 차등현상으로 보는 인식.

한 알의 사과 속에는

한 알의 사과 속에는
구름이 논다.

한 알의 사과 속에는
대지(大地)가 숨쉰다.

한 알의 사과 속에는
강이 흐른다.

한 알의 사과 속에는
태양이 불탄다.

한 알의 사과 속에는
달과 별이 속삭인다.

그리고 한 알의 사과 속에는
우리의 땀과 사랑이 영생(永生)한다.

조약돌

집 앞 행길에서
그 어느 날 발부리에 차인
조약돌 하나와 나날이 만난다.

처음에 우리는 그저 심드렁하게
아침저녁 서로 스쳐 지냈지만
돌은 차츰 나에게 말도 걸어오고
슬그머니 손도 내밀어
친구처럼 익숙해졌다.

그리고 아침이면 돌은
안으로부터 은총의 꽃을 피워
나를 축복해 주고
늦은 밤에도 졸지 않고
나의 안녕(安寧)을 기다려 준다.

때로는 천사처럼 홀홀 날아서
내 방엘 찾아 들어와
만남의 신비를 타이르기도 하고
사귐의 불멸을 일깨워도 준다.

나는 이제 그 돌을 만날 때마다
미개(未開)하고 불안스런 나의 현존(現存)이
부끄러울 뿐이다.

단상1속(斷想一束)

1

나는 내가 지은 감옥 속에
갇혀 있다.

너는 네가 만든 쇠사슬에
매여 있다.

그는 그가 엮은 동아줄에
묶여 있다.

우리는 저마다 스스로의
굴레에서 벗어났을 때

그제사 세상이 바로 보이고
삶의 보람과 기쁨도 맛본다.

2

삶이란 긴 인내로구나.
삶이란 긴 인내로구나.

삶이란 길고 긴 인내로구나.

천재를 만드는 것도 긴 인내요,
사랑을 이루는 것도 긴 인내로구나.

내가 재능을 헛쓰고 나서
내가 사랑을 헛하고 나서

비로소 얻은 바 깨우침이
바로 이것뿐이로구나.

3

내 마음은 칡줄
기어가다가 걸리는 대로
한바탕 휘어감고 나면
또 허탕을 쳤구나.

4

내 가슴은 모닥불

온갖 잡것
다 얹어도

활활 타오르리

목숨의 불꽃아.

허(虛)의 장(章)

제군(諸君)!
이 소식을 알자면
먼저, 마음을 욕망의 덮개와
불안의 밑이 없는 항아리로
비워 놓게!

그럴 양이면 아롱진 바람들과
고름 낀 인업(因業)들이
민들레 마른 꽃술인 양 스러져
흩어질 걸세.
애증(愛憎)의 동아줄도 풀어질 걸세.
선악의 철창도 열릴 걸세.
신화의 망루(望樓)도 무너질 걸세.
마침내 그대는 화평(和平)으로
해방된다는 말일세.

제군!
허(虛)란 실상 실유(實有) 그것일세.
어둠에서 빛으로
불에서 물로
진창에서 꽃밭으로

식료(食料)에서 변통(便桶)으로
바람에서 돌 속으로
사람에게서 짐승에게로
물고기에게서 땅벌레에게로
죄수(罪囚)의 눈빛에서 간수(看守)의 눈빛으로
여왕(女王)에게서 걸인(乞人)에게로
시(詩)에서 과학으로
전쟁에서 평화로
봄 여울에 눈 녹아 흐르듯 흐르며
또한 동양화의 여백(餘白)같이 본래(本來) 있어
생사(生死)와 명멸(明滅)을 낳고
시간과 공간을 채워서
남음이 없지.

그래서 허(虛)는 존재(存在)와 생성(生成)을
혼연(渾然)케 하고
운명과 자유를 병존(竝存)케 하며
모든 실존(實存)의 개가(凱歌)를 올려
저 허허(虛虛)한 창공(蒼空)을 스스로의 안에서
대응(對應)시키는 조화(造化) 속일세.

제군! 그러나 이 경지는
막다른 심연(深淵)의 축복에서
드맑은 정상(頂上)에 다다른
생(生)의 화해(和解)된 인지(認知)라는 것을
납득(納得)해 주게.

독락(獨樂)의 장(章)

애들아, 내가 노니는 여기를
매화 옛 등걸에
까치집이라 하자.

늬들은 나를 환희(幻戱)에 산다고
기껏 웃어 주지만
나에게는 어느 영웅보다도
에누리 없는 사연이 있다.

이제 나도 세월도
서로 무심해지고
눈 아래 일렁이는 세파(世波)도
생사(生死)의 소음(騷音)도
설월(雪月) 같은 은은(殷殷) 속에
화해(和解)된 유정(有情)!

애들아!
박명(薄明), 저 가지에 걸치는 효광(曉光)과
모혼(暮昏)의 정적(靜寂)을 생식(生食)하면서
운명(運命)을 정서(情緖)로 응감(應感)시킨
내사 갖는 이 즐거움이야

늬들은 모르지.

도도(陶陶)한 이 아픔을
늬들은 모르지.

목숨이여
—Mehr Licht°

살이 잎새 되고
뼈가 줄기 되어

붉은 피로
꽃 한 떨기 피우는 날엔

비린내나는 운명도
향내를 풍기오리니

목숨이여
목숨이여

마음이 하늘 같은
거울이 되어

어마, 님의 얼굴
비최이도록

가슴이 사랑의
도가니 되어

차라리 님의
심장 데우오도록

목숨이여
목숨이여.

● Mehr Licht : 괴테가 마지막 남긴 말로 '더욱 빛을' 이란 뜻.

그이의 일생(一生)

하하하

히히히

허허

흠

호호.

옥상실존(屋上實存)

야 모두들 눈깔 나오게
잘도 돌아가누나.
기계 기계…….

아주 맞출 길 없는 부속품처럼
너 참 비길 수 없이 호젓하이.

이놈, 까짓거 세상 까짓거
한번 멋지게 간통하고

그 다음 한번 웃어주고
남 모르게 곡(哭)하고.

그 담엔 휘파람 불며 불며
근사한 구도(構圖)렷다.

싱겁다, 싱거워…….

병락(秉洛)*이란 놈 공산당 두목
하다 뒈지고

지삼(智三)*인 그놈의 환상이
활처럼 팽팽해져
내 가슴을 겨눈다는데.

에이 중뿔난 자식들
그 새끼들이나 외나무다리에서
원수 보듯 만나줬으면

날 없는 비수라도 내 가슴에
꽂고 말걸.

흥, 노골적인 진리(眞理)
연극 같구나. 쑥스러워라.

없어지거라 사라지거라
모진 의욕(意慾)아

엘리베이터로 내려오다
나는 아무것도 잊어버렸다.

- 병락 : 공산당이 된 시인.
- 지삼 : 공산당이 된 화가. 두 사람 다 도쿄시절 친구.

차창(車窓)에서

콜럼비아호의 기사를 읽다
눈을 돌린 차창에
봄비가 들이뿌려서
은하계(銀河系)를 지었다.

어떤 별들은
영롱한 광채를 발하고 있고
어떤 별들은 스러져 가고
어떤 별들은 찌를 싸며 떨어지고……

내가 사는 이 유성(遊星)도
지금은 살아 움직이지만
그 언젠가는 죽어 사라질 게 아닌가?

생전에 다정했던 벗 이중섭은
천억(千億)이나 된다는 은하계 별 중
그 어느 별에나 가서 살고 있을까?

아니 은하계 밖에도
이런 성좌(星座)가 2천억이나 된다는데
나의 믿음이나 바람이나 사랑이

영글어 깃들 별은 그 어드메일까?

하느님 배포(排布)에 그 엄청나심이여!

봄 나그네가 되어 몸을 실은
경부선 차창가에서
나의 상념도 우주를 난다.

시법(詩法)

사과를 그리다 보면
배가 되고
배를 그리다 보면
사과가 된다.

짓궂은 생각에서
사과를 그리려고
배를 그렸더니
모과가 되었다.

외양(外樣)이 이렇듯
어긋나는데
사과와 배의 속살이나
그 맛은 어림도 없다.

그 언제나 사과가
사과로 그려지고
배가 배로 그려지고
그 사과와 배의 속살과 맛을
나타내 보일 수가 있을까?

나의 눈과 손에
신령한 힘이 깃들고 내려서
실재(實在)의 안팎을 고대로 그려낼
그 날은 언제일까?

실성1장(失性一章)

포수에게 쫓기는
암슴* 모양

할딱할딱
흘러 조이는 나의 세월아.

망치질 뛰 오르는
심장 구석엔

꼬물꼬물 움직이는
태(胎) 꼭지 있어

간지러움도 두려운
낙태의 안간힘.

마침내 쑥대밭 같은
거리를 뛰치다가

쓰러지며
숨지며

멀건히
우러르는

무덤처럼 아늑한
나의 사랑아.

● 암사슴을 암슴으로 썼다.

잡초분재(雜草盆栽)

아파트살이 내 서재 창가에는
몇 안 되는 화분(花盆)에 끼어
잡초화반(雜草花盤)이 도두 보인다.

저 이름 모를 들풀들은
작년, 봄 국화가 진 자리에
제풀에 싹을 터서 제김에 자라
스러지고 나고 하며
삼동(三冬)을 나와 함께 났다.

서울 여의도 이 아파트 4층에
저 무명초(無名草)들이 기류(寄留)하기까지는
허구 많은 사연과 곡절이 있을 터지?
하기사 나도 매한가지가 아니런가!

우리는 조화(造化)의 이 신비(神秘) 속에서
날마다 만남의 기쁨을 나누며
영원한 역사(役事)에 함께 나아간다.

망월(望月)

외론 섬 등대(燈臺) 모양 칸델라가 깜박이는 포장(布帳)수레서
시(詩)와 바꾼 돈으로 한 잔 걸치고 나선 바로 나,

흰눈이 얼어드는 거리 위서
빌딩 숲 위의 보름달을 쳐다보며

─흥, 누구를 이태백이로 아나?

가없는 하늘 저 멀리 죽은 곰 형상(形相)의 바위로 떠 있어
생물(生物) 하나 가꾸지 못하는 천형(天刑)의 모습을 떠올리며

누더기 보따리처럼 웅크리고 있는 화덕장수에게서
군밤을 사들고 집으로 향하며 지구에 사는 행복을
새삼 흐므뭇해한다.

석등(石燈)

석등은 우리 마음의
뿌리를 비춘다.

아득한 과거와
아스라한 미래를
보이지 않는 불꽃으로 밝혀

일상(日常) 속에서
무한의 시공(時空)을
열어 준다.

명암(明暗)이 지니는 비의(祕義)를
스스로 깨닫고 있어
점화(點火)와 소멸이 없이
우리의 산란(散亂)을 진정시키고

침묵의 염원으로
사랑의 유토피아를
낮에도 꿈꾸게 한다.

그러나 석등(石燈)은 알라딘의

램프가 아니다.

석등은 꺼지지 않는
우리 영혼의 등불이다.

마음의 눈만 뜬다면

어느 곳에나 신비는 충만하고
어느 곳에나 생명은 약동한다.

베란다의 봄 국화가 시든 화분에
제풀에 돋아난 애기똥풀이나
그 옆 수챗구멍 질척한 쇠그물에
오물거리는 새끼 지렁이를 보려무나!

어느 곳에나 신비는 충만하고
어느 곳에나 생명은 약동한다.

어느 곳에나 어둠은 깔려 있고
어느 곳에나 죽음은 입을 벌리고 있다.

잘못 간수한 한 개비의 담뱃불이
삽시간에 집채를 재로 만드는가 하면
네거리 횡단보도를 무심히 건너다가도
미친 듯 달려드는 차에 목숨을 잃듯

어느 곳에나 어둠은 깔려 있고
어느 곳에나 죽음은 입을 벌리고 있다.

어느 곳에나 영원은 열려 있고
어느 곳에나 당신의 손길은 있다.

만일 그대가 마음의 눈만 뜬다면
저 생명의 약동과 그 죽음 속에서
영원한 그분의 손길을 보리라.

나그네 1

들메는 단단한지
하늘인 듯 먼 길이여…….

어제에도
오늘도

또 내일도
머물러선 안된다.

꽃길만을
샘내다가

행여나 걸음을
늦출세라.

아예 길동무엔
바치지 말고

길목 양달에서
손짓하고 부를수록

귀머거리인 체
잠잠히 가라.

비바람이나
눈보라를 만나면

마방앗간
돌다리 밑

발 디딘 처마 끝에서
밤도 눈뜨고 새워라.

하도 심심커들랑
산과 들과 내와 벗하며

떠가는 구름을 우러러
하염없이 목청을 뽑아라.

뜻한 곳 저절로
이를 양이면

그제사 숨 한번
크게 쉬고

끝없는 쉼의
그늘로 들라.

나그네 2

어디서 왔는지
알 양이면

지레 떠나지도
않았을 게다.

어디로 가는
길이냐고

물을수록
기차구나.

이제사 세월도
못 속이는 나날이기에

호사스런 바램일래
나를 등지고만 간다.

한 자죽만 비끗하면
만(萬)길 벼랑이어서

날개도 못 돋친
타고 난 재주에

수월한 뉘 길을
곁눈질도 않는다.

빛과 공기와 물을
노자(路資)로 삼았기에

욕(辱)스런 재물을
탐낼 극성은 없고

마음이 가난할수록
외롭지 않을 이웃은 있다.

그래도 타오르는
목마름이야

땅 샘으론 축여질 리 없어
차라리 보채지도 않고

바닥도 없는 이 설움을
닦아줄 손길이사

하늘 아랜 없기에
눈물일랑 거두련다.

예서부터는 닿을 곳도
고향도 하나같이 보여서

운명도 넘은
손에 매달려

보이지도 않는
길을 헤치며 간다.

귀가(歸家)

제미니 6호를 타고
랑데부를 마친 후
돌아오는 참엔

저녁때, 들에서
목동들이 소를 타고
버들피리 불며
마을로 들어서듯

비프스테이크를 한 입 덜 먹고
몸무게를 줄여
팔 포켓에 숨겨 가지고 간
하모니카를 꺼내
풍팡풍팡 불면서
아내와 어린것이 기다리는
지구로 내렸다.

● 이 소재는 제미니 6호의 우주비행사 쉴러 대령이 한국에 왔을 때 기자 인터뷰에서 술회한 사실이다.

한낮의 어둠

7월의 개인 대낮

산과
들과
강이
제 빛을 뿜고 있고
베폭처럼 깔린 한길들도
눈부신 빛을 튀기고 있다.

오직 이 속에서 사람들만이
저마다 어둠을 드리웠는데……
하지만 성급히 탄식을 말라.

바로 인간의 그 어둠이
불행과 비극을 빚어내기도 하지만
하느님의 가장 오묘한 꿈을
서서히 이뤄가고 있다.

어느 가로등

어둠이 짙게 깃들인
아파트 뜰 안 길목에
가로등 하나가 우뚝 서
켜져 있다.

그 짙노란 불빛은
희부연 램프를 통해 비춰서
더없이 은은하고 정겹다.

마치 그 등불은 밤길보다
나의 마음속 어둠을 비춰서
내 안의 풍랑도 자게 하고
표류하던 내 삶의 향방도
잡히게 할 것 같다.

한밤 내 자신을 뉘우치며
홀로 기도하는 수도자처럼
경건하게 서 있는 등불

그 불빛에는 눈물이 어려 있다.
그 불빛에는 사랑이 어려 있다.

귀뚜라미

입동(立冬)도 지난 어느 날 밤
한잠에서 깨어나니
창 밖 뜰 어디서
귀뚜라미 우는 소리가 들린다.

저 소리는 운다(鳴)기보다
목숨을 깎고 저미는 소리랄까?
쇠잔한 목숨의 신음소리랄까!

문득 그 소리가
내 가슴속에서도 울려온다.
내 가슴속 어느 구석에도
귀뚜라미가 숨어사나 보다.

머지 않을 나의 죽음이 떠오른다.
이즈막 나의 시가 떠오른다.

나의 시 1

달마대사(達磨大師)는
벽을 마주하기 9년만에
도(道)도 깨우쳤다는데

나는 시에 매달린 지 50여 년
이건 원고지를 마주하면
노상 백지일 따름이니
하도 어이가 없어
남의 말하듯 하자면
길 잘못 들었다.

옛 어느 성악가는
3년간을 폭포가에 나아가
목청을 뽑아댔더니
그만 명창(名唱)이 되었다는데

나도 이 소란과 소음 속에서
시를 천 편 가까이나 썼는데
명시(名詩)는커녕 남도 남이려니와
내 마음에 드는 시 한편 없으니
하도 어이가 없어

남의 말하듯 하자면
참 딱하기도 하다.

하지만 이제 어찌하랴?
돌이킬 수도, 그만둘 수도 없고
또 결코 뉘우치지도 않는다.

마치 물에 빠진 사람이
헤엄을 잘 치거나 못 치거나
목숨을 다하는 그 순간까지
허우적대며 헤여댈 수밖에 없듯이
나도 이렇듯 시라고 쓸 수밖에는.

시와 기어(綺語)

시여! 이제 나에게서
너는 떠나다오.
나는 너무나 오래
너에게 붙잡혔었다.

너로 인해 나는 오히려 불순해지고
너로 인해 나는 오히려 허황해지고
거짓 정열과 허식(虛飾)에 빠져 있는 나,
그 불안과 가책에 떨고 있는 나,
너는 이제 나에게서 떠나다오.

그래서 나는 너를 만나기 이전
그 천진 속에 있게 해다오.
그 어떤 생각도 느낌도 신명도
나도 남도 속이지 않고 더럽히지 않는
그런 지어먹지 않는 상태 속에 있게 해다오.

나의 입술에 담는 말이
치장이나 치레가 아니요
진심에서 우러나오게 되며
나의 눈과 나의 마음에서

너의 색안경을 벗어버리고
세상 만물과 그 실상을 보게 해다오.
오오, 시여! 나에게서 떠나다오.
나는 이제 너로 인해 거듭
기어(綺語)*의 죄를 짓고 짓다가
무간지옥(無間地獄)*에 들까 저어하노라.

- 기어 : 불교의 10악(惡) 중 하나로, 비단같이 번드레하나 진실이 수반되지 않는 말.
- 무간지옥 : 불교 용어로, 끊임없이 고통을 받는 지옥.

나의 시 2

나는 그대들에게
나의 마음의 사연들을
습관처럼 털어놓곤 한다.

하지만 그대들은 내 입술에서
행복한 말이 흘러나올 때
결코 나를 부러워하지 말라.

실상 그때 나의 가슴속은
모진 아픔과 쓰라림에 차서
애타는 갈망과 탄식만이 있느니

또한 그대들은 내 입술에서
불행한 말이 흘러나올 때
결코 나를 가엾이 여기지 말라.

그때 이미 나의 가슴속은
아픔과 쓰라림이 말끔히 가시고
안도의 한숨과 평정 속에 있느니

나의 거짓 사연에

그대들은 속지 말라.

그리고 정녕 속 깊은 사연은
아직 한 번도 내지 못하였음을
이제사 그대들에게 고백하노라.

시론(詩論)

시심(詩心)에 든다.
일상적 욕구나 그 이해(利害)에서 벗어나
무아적(無我的)인 감동과 감흥이 샘솟는다.
오묘한 자연의 조화(造化)와 그 풍경 앞에서,
극진한 인정과 진실을 실제로 접하고,
또한 생성과 소멸의 덧없음을 맛보며,
우주적 감각과 그 연민(憐憫)에 나아간다.

시상(詩想)에 잠긴다.
물 속에 비치는 제 모습에 취한
나르시스의 그런 생각이 아니라
수초(水草)를 헤어나와 낚싯밥에 다가오는
고기의 모습이나 동작을 떠올리면서
생각을 곤두세우고 있는 낚시꾼의
그 찌를 바라보는 일심불란(一心不亂) 상태다.

시정(詩情)에 젖는다.
그것은 쓰디쓴 고독을 되씹는
감방 수인(囚人)의 어두운 느낌이 아니라
내 안의 저 오지(奧地)까지 찾아들어가
내 안에서 나뭇잎의 속삭임을 듣고

내 안에서 새들이 지저귀며 나는 것을 보고
내 안에서 어린 시절의 꿈이 되살아나고
헤어지고 사라진 벗들을 다시 만난다.

시흥(詩興)에 취한다.
모든 생각과 느낌들이 모습을 갖추고
서로 어울리며 노래 부르고 춤을 춘다.
내 마음이 그리고 기리는 그 동산에는
모든 생명이나 사물들이 신령한 조화 속에
영원하고 완전한 제 모습의 성취를 이루고
나는 현존(現存)에서부터 진선미(眞善美)의 실체를 맛본다.

시어(詩語)

말은 단순한 부호가 아니다.
'하늘' 하면 저 하늘이 지닌
모든 신비를 그 말이 담고 있고
'땅' 하면 이 땅이 거느리고 있는
모든 사물을 그 말이 담고 있느니
그래서 낱말 하나 하나가 소우주(小宇宙)다.

말은 지시기능만을 지닌 게 아니라
미묘한 정서기능을 지니고 있다.
'어' 해 다르고 '아' 해 다르다지 않는가.
어순(語順)과 어조(語調)의 강약과 고저장단에 따라
그 말의 감응과 감동은 전혀 달라지느니
그래서 시의 말은 걸음이 아니라 춤*이요,
춤 맵시처럼 아름다운 말씨만이 되풀이된다.

말과 생각과 느낌은 둘이 아니다.
우리는 말로써 사물을 포착한다.
그래서 언어는 존재의 집*이요,
그 존재에 대한 인식의 깊이와 넓이가
그 말의 깊이와 넓이를 결정한다.

시는 말의 치장술이 아니다.
아무리 말이 번드레하고 교묘하더라도
그 말에 담겨진 진실이 없으면
그 말이 가슴에 와서 닿지 않으니
시의 표상(表象)도 실재(實在)가 수반되지 않으면
공감과 감동을 불러일으키지 못한다.
시인이여, 그대들은 기어(綺語)의 죄를 범하여
저 무간지옥(無間地獄)에 던져질까 두려워하라!

- 걸음과 춤 : 폴 발레리는 일상어와 시어를 걸음과 춤으로 비교한다.
- 언어는 존재의 집 : 하이데거의 정의.

신록(新綠)을 바라보며

한 겨우내 세상무대 뒤 땅 밑에서
움츠리고 살던 초목들이
아무런 요란도 수선도 떨지 않으며

저마다 새로운 봄치장을 하고서
화사한 햇발을 온몸에 받으며
서로가 염미(艶美)를 발산하고 있다.

우리는 저들의 푸른 새 옷이
명동 양장점이나
이태원 외인상가나
또는 남대문시장에서
팔고 산 것이 아님을
너무나도 잘 안다.

그러나 우리는 저들에게
봄의 새 단장을 시키고
눈부신 아름다움을 선사한
조화옹(造化翁)의 그 신령한 힘과 섭리에는
눈멀어 감사할 줄도 섬길 줄도 모르면서
그저 '저절로'라고 무심히 여긴다.

그러면서도 그분에게
제 눈에만 보이고
제 욕심만 채우는
이적(異蹟)을 보여 주기 바라고
흥부의 박 같은 복이
굴러 들어오기만 빈다.

주여! 우리를 측은히 여기소서!

봄의 불협화음

또다시 봄이다.
소리도 없이 왔다.

산과 들과 길과 뜰에
새싹이 트고, 새순이 돋고
새잎이 자라고, 새 꽃이 피고
어김없는 이 자연의 변신이
실로 놀랍기 그지없다.

마른 잔디를 불태운 아파트 뜰에
파릇파릇 새로 돋아난 이파리들이
그 한 줄기 한 포기 모습을 갖추기에는
무한량한 정령(精靈)들의 역사(役事)가 있었으니

저런 신령하고 오묘한 조화 속에서
우리 인간도 그 섭리와 안배로
저마다의 목숨을 이어가고 있거늘
왜 이다지도 소요와 소란을 피우는가?

뭇 생명의 교향악이 울려 퍼지는 봄
우리도 목숨의 정기(精氣)를 한껏 가다듬어

저 화창한 가락에 불협화음을 내지 말자.

뿌리송(頌) 1

한겨울 아파트 뜰에
크고 작은 나무들이
빈 가지를 뻗치고 서 있다.

말할 나위도 없지만
저 해골처럼 뻣뻣하고
앙상한 가지의 나무들이
오늘의 생명을 유지하는 것은
꽁꽁 얼어붙고 굳어버린 땅 밑의
뿌리들이 살아있기 때문이다.

만일 그 뿌리들이 말라죽고
얼어죽고 썩어버려서는
오는 봄부터의 새순도, 새잎도
새 가지와, 새 꽃과, 새 열매도
어찌 바랄 수 있으랴.

그리고 뿌리는 저런 땅 위
계절의 조화와 그 번성 속에서도
자신의 떡잎새나, 마른 가지나
빙충이 꽃이나, 쭉정이 열매를

탓하거나 아랑곳하지 않으며
낙화(落花)나 낙과(落果)나 낙엽(落葉)에도 미련 없이
오직 시간의 흐름을 묵묵히 기다린다.

또한 뿌리는 기둥이나 줄기의
권력과 같은 위력이나 위세,
무성한 잎새의 재물과 같은 풍요,
꽃의 영화나 열매의 공적과 보응에
집착하거나 탐함이 없이 실로 무심(無心)히
오직 자기 생명의 영위와 그 확충에
휴식을 모르는 전력을 기울이고 있다.

오오, 뿌리의 더할 나위 없는 숨은 공덕(功德)

우리 인간의 마음의 뿌리도
저 나무의 뿌리를 닮을진저.

뿌리송(頌) 2

나는 아파트 봄 뜨락
등나무 밑 벤치에 앉아
서로가 함성을 지르듯 늘어서 있는

느티, 은행, 벚, 매화, 목련, 오동, 포플러, 버들,
플라타너스, 자귀, 은사시, 개나리, 진달래,
철쭉, 라일락 나무 들과
앞 뒤 잔디밭에 제풀에 돋아 있는
민들레, 제비꽃, 씀바귀, 물망초, 냉이,
토끼풀, 돌나물, 질경이, 강아지풀들의
새순과 새잎, 새 꽃과 새 가지들을 바라보며

지난 삼동(三冬) 내내
그 어둡고 차가운 땅 밑에서
저 초목들의 목숨을 지탱해 온
뿌리들의 모습을 떠올린다.

그 뿌리들의 숨은 인고(忍苦)가 없었던들
저 초목들의 오늘의 소생(蘇生)이
어찌 있으며
그 뿌리들의 줄기찬 활동이 없다면

저 초목들의 내일의 결실과 번식을
어찌 이루랴?

저렇듯 뿌리들은
은자(隱者)의 헌신과 공덕을
함께 지닌다.

이제 나의 상념은 이 나라의
무궁화란 나무를 떠올린다.

이 나라 겨레 중에는 그 나무의
줄기나 가지가 되려는 자
잎이나 꽃이나 열매가 되려는 자는
서로 다투어 많고 많으나
이 나무의 생명을 공급하는
땅 밑의 뿌리가 되려는 이는
왜 이다지도 적단 말인가?

뿌리가 되자!
우리 나라의 꽃나무 무궁화의
뿌리가 되자!

저 땅 위의 모든 것은
계절마다 나고 죽고 스러지지만
그 뿌리는 조국의 운명과 더불어
언제나 함께하고 또 영원하리라.

얼 굴

온화하지는 않더라도
험상궂어도 좋으니
그저 숫된 얼굴이 그립다.

저런 천성(天性)의 얼굴을 보면
옛 친구를 만난 듯 반갑다.

요즘 만나고 스치는 얼굴마다
이건 영악하지 않으면 초조하고
유들유들하고, 반들반들하고
새침하고, 매정하고, 얄궂다.

얼굴은 사람 마음의 거울이라는데
너나없이 저렇듯 얼굴이 뒤틀린 것은
마음이 세상살이와 그 이해(利害)에만 쏠려서
탐욕으로 꽉 차 있기 때문이다.

이제 그 얼굴들을 바로잡으려면
모두가 그야말로 마음을 훌훌 비워서
때마다 하늘과 구름도 멀거니 쳐다보고
산과 들, 강과 바다도 멍청히 바라보고

삶과 죽음도 곰곰이 생각해 보고
더불어 사는 남의 구실도 헤아려 보며

삶의 참된 보람과 기쁨을 찾아서
몸부림치며 뉘우치고 울기도 하고
허망에도 빠지고, 영원도 그려보아야
본연(本然)의 얼굴을 지니게 될 것이다.

미륵보살반가사유상(彌勒菩薩半跏思惟像)
—칼 야스퍼스의 상탄(賞嘆)

로댕의 〈생각하는 사람〉은
고뇌와 수렁 속에 있다.
다빈치의 〈모나리자〉도
그 미소가 돋보일 뿐이다.

고대 그리스의 신상(神像)들은
그 아름다움이 관능적이요,
로마의 기독교 옛 조상(彫像)들도
마음의 허울을 벗지 못했다.

이제 비로소 나는 본다.

이 세상 모든 시간적인 것의
그 속박에서 벗어나 도달한,
인간 실존의 최고의 이념과
그 경지를 오롯이 표현한,

● 칼 야스퍼스는 다 알다시피 현대 독일의 실존철학자로, 그가 연전 일본 교토 고류지(廣隆寺)에 봉안된 미륵보살반가사유상을 보고 감탄과 찬미를 마지않았는데 그 대요(大要)를 내가 가감해서 시로 썼다.

드맑고 원만하고
평화롭고 영원하고
그윽한 모습을
미륵보살상(像)에서 본다.

백자(白磁)

방 한구석 탁자 위에
백자 항아리 하나
덩그러니 놓여 있다.

그 백자에는 산수(山水)나 화조(花鳥) 같은
그림이 그려 있지도 않고
그저 천지태초(天地太初)의 흰 빛깔만이
그윽한 밝음을 뿜고 있다.

또한 그 백자에는
한 송이 꽃이 꽂혀보지도 않았고
한 바가지 물이 담겨보지도 않았고
그런 그릇으로의 구실을 떠나서
그저 빈 항아리로 놓였을 뿐이다.

누가 바라보아도 그만
누가 바라보지 않아도 그만
마치 없는 것처럼 거기 있는데

주인처럼 묵고 낡은 책과 가구가
엉성하게 놓인 이 방에서

그 백자는 비너스의 알몸보다도
선연한 염미(艶美)를 발산하고 있다.

신라토기(新羅土器)

내 서재 한구석에는
신라토기 항아리 하나가
놓여 있다.

아득한 천 년 전
빚어진 그 모습 그 채로
그제나 이제나 더없이 소박한
그 모습으로 놓여 있다.

오직 그 어느 한 세월
땅 속에 파묻혔었는지
물살 무늬의 주름 사이에는
바랜 흙의 흰 자취가
곱게 배어 있다.

이 땅의 모진 그 풍상 속에서
흠 하나 없이 오롯이 남아
모든 것이 스러지고 사라졌건만
이렇듯 시방 나와 함께 있다는
그 사실이 실로 놀랍고 신기하다.

휘둘러보아야 이 방 안에는
그 모두가 백 년 안쪽의 문물(文物),
이 또한 세월과 더불어
스러지고 사라지겠지만
저 토기(土器)만은 지장(地藏)*의 화신(化身)인 듯
이 세상 끝마칠 때까지 불변하려는가?

● 지장 : 불교에서 말하는, 석가의 사후에 미륵불이 출현할 때까지 이 세상을 지키며 교화한다는 성인.

어느 바윗돌

나의 서재, 책으로 차 있는 벽
한가운데 기둥 밑에는
검정 바윗돌 하나가 놓여 있다.

바위라기엔 작고
돌이라기에는 크고
바윗돌이라는 게 십상인데
그저 울퉁불퉁 막 생겼으나
그 머리쪽에 차돌이 몇 개 박혀 있어
마치 흰눈이 녹지 않는 산마루 같다.

60년 초, 그러니까 30년 전
수덕사(修德寺)엘 갔다가 개울가에서 발견
타고 갔던 차에 싣고 온 것인데
하도 오래 함께 살다 보니 이제는
어느 가구보다도 어느 가장품(家藏品)보다도
더없이 정이 들고 가장 소중하다.

더구나 그 바윗돌은 나와 날마다 마주하며
집안의 어느 누구, 어느 책보다도
가장 많은 시간의 대화를 나누곤 하는데

그것도 아주 형이상학적(形而上學的)인 것이
화제의 중심이다.

오늘도 나는 한나절 내가 죽은 뒤
바윗돌의 거취를 곰곰 문답(問答)하다가
그 심오한 침묵의 법어(法語)*에 인도되어
영원 속에서의 서로의 궁극적 완성과
재회를 기약하면서 눈시울마저 적신다.

● 법어 : 불교의 용어로, 불법을 설(說)한 말이나 글을 뜻하는데 여기서는 그저 가르침 정도로 씀.

어느 돌덩이

그 어느 날 윤중제(輪中堤)* 둑길을 걷다가
길섶에서 달마상(達磨像) 꼴의 돌덩이를 만났다.

나는 그 뒤 산책 때마다 그 돌과
낯이 익어 말마저 나누게 되었는데
서로가 이 지구 속에 내던져져
어쩔 바를 모르는 신세타령도 하고
서로의 장단(長短)도 비교하며 위로도 하고
영원 속에서 더불어의 완성을 다짐도 했다.

그러다 언젠가는 집으로 데리고 와서
서재 선반 위 달마목조상(達磨木彫像)과 함께
뜨개 받침까지 깔아 모셔 놓았는데

어쩐 일인가? 그 어느 때부터는,
오래 산 여편네처럼 심드렁해져서
그저 막 생긴 돌덩이가 되고 만지라

오늘은 그 돌을 제자리에 갖다 놓고

---

* 윤중제 : 서울 여의도의 제방.

옛정과 그 감명을 되살리려고 하지만
내 변덕이 또 어떨는지 좀 부끄럽다.

민들레

아파트 뜰 잔디밭 한구석
이른봄부터 내 눈에 뜨인
민들레 한 포기

내가 눈여겨볼 적마다
잎새가 크게 벌어지고
한복판에 봉오리가 솟아
그 줄기가 미끈하게 자라선
노오란 꽃을 활짝 피우고는

또 얼마 안 가 꽃이 시들자
그 씨알들은 깃털을 갖추더니
어느 날은 바람에 흩어져 날아갔다.

나는 그 씨앗들이 날아가
그 어느 것은 흙땅에 떨어져
새로운 싹을 틔울는지 어쩔는지
또는 아스팔트나 시멘트 바닥에 떨어져
모래나 먼지 함께 스러질지도 모른다.

하지만 나와 이 민들레와의

순수한 만남은 결코 끝난 게 아니라
마치 이승을 떠난 어버이나 아내처럼
신비의 동산에서 다시 만나 더불어
영원을 누릴 것을 굳게 믿고 바란다.

고목(枯木)

신록으로 푸른 불꽃이 튀는
아파트 뜰 나무 중 은행 한 그루가
봄이 다 가도록 새 잎을 달지 못하고
마치 산 사람 틈에 낀 허수아비처럼
앙상한 빈 가지만 뻗치고 서 있다.

스무 해 전 이 들판에 건물들이 서고
우리 집은 문안에서 이사를 해온 뒤
저 나무는 묘목이 심어져서 자라며
계절마다 제 빛을 바꾸고 갖춰서
나의 삶의 허전하고 쓸쓸한 공간을
어엿이 차지하고 채워 주고 있었거니,

하기사 나야 죽었으면 죽은 대로라도
내 목숨 다하는 날까지 저 나무와 함께
우리의 지상 인연을 누리고 싶지만
아마도 머지않아 관리인들 손에
톱으로 잘리고 가위로 쳐져서
재목이나 재료로도 쓰일 바 없어
불길 속의 연기나 재로 스러지리라.

하지만 아무리 소진(燒盡)이나 증화(蒸化)를 해서
그 모습이 우리 눈에 안 보인다손
그 존재야 이 우주 안에 불멸하면서
나와 더불어 거듭나며 영생하리니

어쩌면 우리는 신령한 조화 속에서
이번엔 서로 더욱 은혜로운 존재로 만나
만유(萬有)의 종국적 완성에 나아가겠지!

생각이 여기에 미치면
그 영원의 동산이 눈에 보인다.
아니, 이미 내 마음 안에 있다.

윤중제를 거닐면서

한강은 오늘도 하염없이
흐르고 있다.

가로지른 다리 위와 양편 한길을
엇갈리며 질주하는 차량들의 요란이
그 흐름을 더욱 호젓하게 한다.

가을의 오후, 바래진 햇살이
강심(江心) 한자락에 드리워 있는
흐리고 생기가 없는 이 강은
마치 긴 여로(旅路)에 지친 나그네 같고

멀거니 우러른 나의 눈에는
남산의 전망대도 폐선(廢船)의 굴뚝 같다.

들풀들이 무성하게 자라 있는
강둑 길을 거니노라면
기슭 풀밭에는 여러 사람들이
여러 가지 모습을 하고들 있는데

어떤 이는 앉아서 고개를 푹 숙이고 있고

어떤 이는 서서 먼 흐름을 바라보고 있고
어떤 이는 벌렁 누워서 자고 있고
어떤 쌍은 서로 옆구리를 꼭 껴안고 있고
어떤 쌍은 연신 시시덕거리고 있다.

점경(點景)
―문학의 해에

바깥 세상은, 온통
정치판 북새통이요,

게다가 연일
영하 10도를 웃도는
강추위인데

어느 서민 아파트
두어 평 베란다에는
잡초 화분과 화반에 끼여
영산홍, 양란, 아자리아가
눈부시게 피어 있고

거기 겹쳐 놓인 새장에는
금화조와 십자매 쌍들이
신이 나서 재잘거린다.

한편 거실 책상 앞에는
70도 중반을 넘긴 홀늙은이가
등을 구부리고 앉아서
라이너 마리아 릴케의 장시

〈두이노의 비가(悲歌)〉를 읽고 있다.

마치 깊은 산 속 옹달샘을 찾아
입 대고 물 마시듯 시를 읽고 있다.

조그만 이변

1

신새벽 아파트 뜰 앞
어린이 공원을 거니는데
미끄럼대 중턱에

어린이 꽃신 한 짝이
호젓이 놓여 있다.

피식 웃음이 나왔으나
눈에는 이슬이 고인다.

2

아침 먹고 서재 베란다의
꽃과 새장에 물을 주는데

금화조 암놈이 바닥에서
비실거린다.

며칠 전 또 한 쌍 기르는 십자매의

암놈이 죽어서 뜨락 꽃밭에 묻고
짝을 채워 주려고 벼르는 참인데

저 암놈마저 숨지면 이 집엔 나까지
막상 홀아비가 셋이나 되는 셈이니
내 삶이 더욱 서글퍼지는 느낌이다.

3

한밤에도 가시지 않는 무더위
침상에서 몸을 뒤척거리고 있는데
서재 한구석에서 별안간 들려오는
매미 소리,

앞 창문을 죄다 열어 놓았으니
고만 잘못 날아 들어왔나 보다.

맴, 맴, 맴이 아니라
매앰…… 하고 그칠 줄 모르는 소리

검불 같은 목숨의 신세 한탄이런가?
나에게 향한 애절한 호소이런가?

어쨌거나 이슬 한 방울 내릴 바 없는
마르고 삭아가는 이 책숲 속에서
저것이 어찌 견딜까 생각이 들어

부리나케 일어나 손전등을 켜들고
거실 모서리 책꽂이에 붙어 있는
매미를 쉽사리 잡아 어둠의 창 밖
나무숲으로 훨훨 날려보내고 나서
나는 샤워를 또 한번 해야 했다.

마지막 잎새

며칠 전만 해도 가지마다 수북이
황금빛 잎새로 눈부셨던 은행나무가
잎새 하나만을 남기고 떨고 서 있다.

병든 이웃 여인네를 위하여
창 밖 나무에 그려서 매단
어느 늙은 무명(無名)화가*의
눈물겨운 잎새가 떠오른다.

나의 시도 그 그림 잎새처럼
삶에 지치고 외로운 한 가슴의
위로이거나 기쁨이기를 바랐었건만
도야지 꼬리만한 허명(虛名)만 남기고서
머지않아 내 인생의 회귀(回歸)와 함께
저 마당에 떨어져 쌓인 잎새처럼
쓰레기 더미에 버려지게 되었구나.

아니 저런 현세적 성취의 부실(不實)보다
내 영혼의 창고가 텅 비어 있음을
소스라치게 놀라고 눈앞에 닥쳐올
내세(來世)가 두려워지고 당황하게 된다.

─하늘의 아버지께 무슨 낯으로,
　무슨 염치로 뵈오나?

은싸라기가 하얗게 뿌려진 아침
역시 머리에 흰 서리를 이고서
은행나무의 마지막 잎새를 바라보며
나의 눈에는 찬 이슬이 맺힌다.

● 어느 늙은 무명화가 : 오 헨리의 명 단편소설 〈마지막 잎새〉에 나오는 주인공.

눈

눈이 내린다.
보슬보슬, 부슬부슬
기척도 없이 내린다.

방금 전까지 북새를 떨던 거리의
차량들도 좀 조용해진 느낌이요,
보도 위에 그리 설쳐대던 행인들도
한 사람 한 사람 모두가
호젓하고 가엾어 보인다.

눈이 내리는 길을 가다가
멀리 북악(北岳)을 바라다보면
흰눈이 쌓인 숲 속을 뛰노는
노루들의 모습이 떠오르고
불이 켜진 가로등을 쳐다보면
기항지(寄港地) 잃은 뱃고동이 들려온다.

눈이 수북이 온 이튿날
아침 햇살을 받은 세상은
첫날밤을 치르고 난 신랑 신부의
얼굴과 마음처럼 훤하고 환하다.

공기(空氣)의 독백
―실존의 요행을 알라

우리에게는 형상이 없다.
오직 흐름뿐이다
우리는 모든 존재의
여러 모습 둘레를
거침없이 채운다.

산과 들과 강과 바다와
시골과 도시의 행길과 거리를,
집 안팎과 마당과 헛간까지
밤낮 없이 흘러들어 채우며
모든 생물의 목숨을 지탱한다.

실로 형이상학적
허무 속을 배회하며
꿈의 요정처럼 춤춘다.

이렇듯 우리는 신의 숨결처럼
자유에 충만해 있다.
하지만 우리는 아무 것에도
불어넣어지지 않은 신의 입김이어서
언제나 머무르지 못하는 뜨내기다.

우리는 한 순간의 쉼도 없이
어떤 모습을 갖추지 못하고
스스로를 나타내지 못하는
안타까움 속에 있다.

더구나 우리는 인간들의 그 모습과
나고 죽고 욕망하고 고뇌하는
그 무한한 슬기와 좌절의 삶을,
또한 사랑과 미움의 짙은 운명을
더없이 그리고 부러워한다.

어느 친구

주일(일요일)마다 명동성당엘 가면
초입 언덕에 구걸상자를 앞에 놓고
뇌성마비로 전신이 비틀린
그 친구가 앉아 있다.

그가 거기 모습을 보이기 시작한 지는
한 5년 되었을까?
나하고는 그 언제부터인지
아주 낯익고 친숙해져서
내가 언덕을 오를 양이면
멀리서부터 혀 꼬부라진 소리를
지르곤 한다.

그런데 그 친구 이즈막에 와서는
더욱더 우리 우정에 적극성을 띠어
지난주에는 주스 한 병을 건네주더니
오늘은 장미꽃 한 송이를 들고 있다가,
그 비틀어진 팔과 꼬인 손으로 내주었다.

그.극진한 우정에 화답할 바를 몰라
나는 마치 무안이나 당한 사람처럼

횡하니 성당엘 들어와 앉는다.

이윽고 나는 장궤틀*에 무릎을 꿇고
두 손에 장미를 받들고 기도한다.

하느님! 당신의 영원한 동산에서는
그와 내가 허물을 벗은 털벌레처럼
나비가 되어 함께 날게 하소서!

---

* 장궤틀 : 성당에 놓인, 무릎을 꿇는 기도대.

어버이날에 온 편지

오늘도 어버이날에 맞춰서
교도소에 있는 의(義)아들로부터
편지가 왔다.

'아버님, 올해도 꽃 한 송이
가슴에 달아드리지 못하고
이렇게 마음만 전하옵니다'
라는 사연이었다.

그 애는 15년째 옥살이를 하는 무기수(無期囚),
아니, 경찰의 모진 고문으로 조작된
살인강도죄로 사형선고를 받고서
그 집행의 날만을 마음 졸이다가
어느 스님의 앞장선 탄원으로
겨우 목숨만을 건진 40세의 젊은이

그 구출 서명에 동참한 인연으로
나와는 부자지연(父子之緣)까지 맺게 되었지만
무능하고 부실하기 짝이 없는 이 애비,

그래도 그 애는 한 달이 멀다하고

안부를 물어오고, 제 심경을 전해오고
나는 석 달에 한번쯤이나 답장을 쓰고
그것이 고작이고……

그 애의 어느 글발에는
'이곳의 제한된 생활 속에서
조금은 외롭고 괴롭다가도
아버님과 여러 은인들을 떠올리면
다시 용기와 희망이 솟습니다.
이곳서도 불만이나 원망이 없이
충실한 삶이 되도록 노력하겠습니다'
라고 적혀 있었고

또 그 애의 어느 글발에는
'오늘은 저에게 목숨이 다시 붙은
네 돌이 되는 날입니다.
이제 아무런 욕심도 집착도 없이
맑고 밝게 사는 것이 소원이오나
왠지 자꾸 때묻고 찌들어 가는
제 자신을 발견하고 놀랍니다.
항상 아버님에게 실망 드리지 않는
아들이 되려고 마음을 다집니다만'
하고 적혀 있었고

그리고 또 어떤 글발에는
'저는 저의 이 처지에 대해

그 누구도 원망하지 않습니다.
모든 것을 저의 업보(業報)로 아옵고
그것의 소멸을 부처님께 비옵니다'
라고도 적혀 있었다.

이렇듯 철창 속에 있는 그 애를
내가 위로하고 격려하기는커녕
도리어 그 애에게서 사람으로서의
마음가짐과 그 다스리는 법을
배우고 익히고 깨우치고 있다.

오늘도 나는 그 애의
글발을 읽고 되읽으며
그 애에게서가 아니라 내가
그 가슴에 꽃을 달 날이
내 눈에 흙이 들어가기 전 있기를
눈물로써 빌 뿐이다.

● 이 시의 내용은 실화이지만 그 인명(人名) 등은 밝히기를 삼간다.

오 늘

오늘도 신비의 샘인 하루를 맞는다.

이 하루는 저 강물의 한 방울이
어느 산골짝 옹달샘에 이어져 있고
아득한 푸른 바다에 이어져 있듯
과거와 미래와 현재가 하나다.

이렇듯 나의 오늘은 영원 속에 이어져
바로 시방 나는 그 영원을 살고 있다.

그래서 나는 죽고 나서부터가 아니라
오늘서부터 영원을 살아야 하고
영원에 합당한 삶을 살아야 한다.

마음이 가난한 삶을 살아야 한다.
마음을 비운 삶을 살아야 한다.

매미 울음

몇 십 년만이라는 불볕 더위
삼십 년도 넘은 낡은 아파트 뜰
무성한 나무숲에서 매미 울음이
책상 앞에서 웅크리고 앉아있는
늙은 시인의 고막을 찢는다.

이건 또 어쩐 조화(造化)런가?
앞창 망사에 매미 한 마리가
날아와 나를 바라보며 울어댄다.

저것들은 무엇이 그리 즐거워서
저렇듯 제 세상마냥 울어대는가?

저것들은 무엇이 그리 서러워서
저렇듯 악을 쓰며 울어대는가?

아니, 저것들은 무엇이 그리 간절해서
그 짧은 목숨을 울음으로 보내는가?

매미의 삶의 덧없음을 떠올리다가
한평생, 나의 시에 생각이 미치매

저들이나 나나 타고난 대로
그저 제 소리를 내다 가는 게지
별 다를 바 없다는 체관(諦觀)에 든다.

어느 그림 한 폭

우리 집 내 방에는 서른 해나
금붕어 암수가 함께 살고 있다.

그것들은 어항 속에서가 아니라
한 벽 위를 가로지른 연못 속에서
나란히 노닐고 있다.

저 그림은 내고(乃古) 화백*이
우리가 여의도로 이사를 오자
가정의 단란을 축복, 축원하여
액자까지 갖추어 보내준 것이다.

그러나 이제는 그분도 나의 아내도
이승을 떠난 지 여러 해가 된다.

하지만 나는 저 그림을 그 자리에
그대로 걸어놓고 때마다 바라보며
저 금붕어들처럼 다정하지는 못했지만
48년이나 되는 세월을 함께 산지라
이런 저런 추억에 잠기기도 하고
때로는 그리움에 눈물마저 흘린다.

또한 저 그림을 쳐다볼 때마다
이제 머지않아 나도 저승엘 가면
영원의 동산에서 또다시 그녀와
짝지어지리라 바라고 믿고 빈다.

물론 내고 장(丈)도 함께 만나
이승서처럼 우애를 나누며 말이다.

• 내고 화백 : 화가 고 박생광(朴生光).

어느 골목 가로등

아파트 뜰 안 옆 골목길에
가로등 하나가 호젓이 켜져 있다.

오가는 행인도 별로 없고
달도 별도 없는 이 밤

그 진노랑 불빛은
희부연 램프를 통해 비춰서
더없이 은은하다.

나의 이제 남은 삶이나 시도
저 가로등처럼 어두운 우리 삶의
어느 한구석이나마 밝히고 싶다.

장독대

내 서재 벽에 걸린
달력, 이 달치에는
장독대 사진이 한 폭
곁들어 있다.

나는 그것을 바라볼 때마다
가로막힌 북녘 땅 고향 집
돌담 뒤곁에 놓였던
장독대가 떠오르며

거기 독, 항아리, 단지에서
장을 뜨시던 어머니 모습이
눈에 선하게 떠오르고

또 자줏빛 댕기 외사촌 누나와
숨바꼭질을 하면서 곧잘
장독 뒤에 꽁꽁 숨었던
내 어릴 적 모습이 떠오르고

나와 장독대 옆 살평상에
달빛을 받으며 함께 앉았던

이제는 이미 이승을 떠난
아내의 각시적 모습도 떠오르고

그리고 그 장독대처럼
좀 어둑하지만 숫되던
이웃들의 얼굴과
해묵은 장맛 같던 그 인정이
마냥 그리워진다.

2
구상무상

만화(漫畵)

여보!
당신 몰루?
내가 찾는 것
그것 몰루?

당신마저 몰루?
이제는 찾는 내가
그것이 무엇인지 모르게 된
바로 그것 말이오.

내 속은 눈감고도
환하다는 당신이
내가 한평생 찾고 있는
그것이 무엇인지
그것만은 몰루?
여보!

백련(白蓮)

내 가슴 무너진 터전에
쥐도 새도 모르게 솟아난 백련 한 송이

사막인 듯 메마른 나의 마음에다
어쩌자고 꽃망울은 맺어 놓고야
이제 더 피울래야 피울 길 없는
백련 한 송이

온밤 내 꼬박 새워 지켜도
너를 가리울 담장은 없고
선머슴들이 너를 꺾어간다손
나는 냉가슴 앓는 벙어리 될 뿐

오가는 길손들이 너를 탐내
송두리째 떠간다한들
막을래야 막을 길 없는
내 마음에 망울진 백련 한 송이

차라리 솟지나 않았던들
세상없는 꽃에도 무심할 것을
너를 가깝게 멀리 바라볼 때마다

퉁퉁 부어오르는 영혼의 눈시울.

은행(銀杏)
―우리 부부의 노래

나 여기 서 있노라
나를 바라고 틀림없이
거기 서 있는
너를 우러러
나 또한 여기 서 있노라.

이제사 달가운 꿈자리커녕
입맞춤도 간지러움도 모르는
이렇듯 넉넉한 사랑의 터전 속에다
크낙한 순명(順命)의 뿌리를 박고서
나 너와 마주 서 있노라.

일월(日月)은 우리의 연륜(年輪)을 묵혀 가고
철따라 잎새마다 꿈을 익혔다
뿌리건만

오직 너와 나와의
열매를 맺고서
종신(終身)토록 이렇게
마주 서 있노라.

정경(情景)

가을의 창백한 오후 해가 드리운
피아노 건반 뚜껑 위
스타킹 한 켤레가 얹혀 있다.

외국서 사는 딸애가
아침에 떠나면서
떨구고 간 것이리라.

나는 이 정물이 서투르면서도
몹시 낯익어
기억을 더듬고 더듬은 끝에

대구 약전(藥廛)골 뒷골목
어느 기방(妓房)에서 눈을 뜬 아침
머리맡 문갑 위에 놓여 있던
버선 두 짝을 떠올렸다.

이와 함께 오일도(吳一島)의 시,
'빈 가지에 바구니 걸어 놓고
내 소녀는 어디로 갔느뇨' 라는
구절을 중얼거렸다.

옥중춘전(獄中春箋)

은혜같이 다사로운 햇살이 감방(監房)에 스며들면 나는 향일성(向日性) 식물(植物)일세.
내 마음은 눈먼 나비런가? 벽돌담도 훨훨 날아 넘어가 종일토록 회상(回想)의 꽃잎을 찾아 헤매단 제풀에 지쳐 돌아오는군.

예서 지내온 삶을 돌이켜 보면 천지분간(天地分揀)도 못했다는 게 실토일까. 용케도 넘겨온 고비, 고비, 새삼 아슬한 생각도 들고 수치(羞恥)로 붉어도 지네.

시방 독방(獨房)신세라 면벽좌선(面壁坐禪)인 셈, 오직 정념(正念)의 세계만이 안 잡혀 탈일세. 차입해 준 책《업(業)의 문제(問題)》통봉(痛棒)이어서 고맙네.

아마 이맘때면 바깥 세상은 꽃놀이와 양도(糧道)소동이 한창이겠지. 여기는 비록 취할 꽃은 없으나 춘궁(春窮)이 없어 '요행의 섬'이랄까.
인사와 회포 모두 줄이네.

고모역(顧母驛)

고모역을 지나칠 양이면
어머니가 기다리신다.
대문 밖에 나오셔 기다리신다.
이제는 아내보다도 별로 안 늙으신
그제 그 모습으로
38선 넘던 그날 바래주시듯
행길까지 나오셔 기다리신다.

천방지축 하루해를 보내고
책가방에 빈 도시락을 쩔렁대며
통학차(通學車)로 돌아오던 어릴 때처럼
이제는 아버지가 돌아가실 때만큼이나
머리가 희어진 나를
역까지 나오셔 기다리신다.

이북 고향에 홀로 남으신 채
그 생사조차 모르는 어머니가
예까지 오셔서 기다리신다.

성묘단(省墓團)을 맞을 때마다

일본서 온 교포 성묘단을 맞을 때마다 나는 실향민(失鄕民)의 설움에 더욱 잠긴다.

고향 교회묘지에 있는 아버지 산소는 마치 폐총(廢塚)이 되었으려니와 어머니는 신부(神父)형이 공산당에게 납치된 후엔 어느 독신녀(篤信女) 집에 칠순(七旬) 노구(老軀)를 의탁하시다 돌아가셨다는 풍문뿐인데 그 시신(屍身)을 관(棺)으로나 모셨는지 어디다 무덤이나 지었는지 상상으로나마 붙잡을 길이 없다.

무주고혼(無主孤魂)이 되신 울 어머니! 울 아버지!

죽마(竹馬)의 벗인 '정식'이가 제아무리 공산당원이 되었다지만 한식(寒食)이나 추석(秋夕)에 저희네 벌초(伐草)를 갔다가 바로 옆인 우리 산소를 그냥 지나치랴 싶지만 저의 상전(上典)들이 남북 성묘교류마저 가로막고 나서는 데야 이런 기대가 오히려 부질없을 게다.

어머니는 꿈에 자주 뵙는데 이제는 아내보다도 별로 안 늙으신 그제 그 모습으로 내가 38선을 넘으려 떠난 그 날 바래주시듯 대문 밖까지 나오셔 나를 하염없이 기다리고 계신다.

가을 병실(病室)

가을 하늘에
기러기 떼 날아간다.
내 앓는 가슴 위에다
긴 그림자를 지으며
북으로 날아간다.
한 마리 한 마리 꼬리를 물 듯이
일직선(一直線)을 그으며 날아간다.

팔락
  팔락
    팔락
      팔락
        팔락
          팔락
            팔락
내 가슴 공동(空洞)에 내려앉는다.

      도
     레
    미

　　　　파
　　　　솔
　　　　라
　　　시
마지막 한 마리는
내가 붙잡았다.

　　　　팔딱
　　　　팔딱
　　　　팔딱
내 가슴이 뛴다.

　　　　끼럭
　　　　끼럭
　　　　끼럭
내 가슴이 운다.

끼럭
끼럭
끼럭
하늘이 운다.

　　　　끼럭
끼럭
나는 놓아 보낸다.

혼자 떨어져 날아가는 뒷모습이
나 같다.

가을 하늘에
기러기 떼 날아간다.
나의 가슴에
평행선(平行線)을 그으며 날아간다.

구상무상(具常無常)

이제 세월처럼 흘러가는
남의 세상 속에서
가쁘던 숨결은 식어가고
뉘우침마저 희미해 가는 가슴.

나보다도 진해진 그림자를
밟고 서면
꿈결 속에 흔들리는 갈대와 같이
그저 심심해 서 있으면
해어진 호주머니 구멍으로부터
바램과 추억이 새어나가고
꽁초도 사랑도 흘러나가고
무엇도 무엇도 떨어져버리면

나를 취케 할 아편도 술도 없이
홀로 깨어 있노라.
아무렇지도 않노라.

길

이름 모를 귀향길 위에
운명의 청춘이
눈물겨웁다

보행(步行)의 산술(算術)도
통곡에도……
피곤하고

역우(役牛)의
줄기찬 고행(苦行)만이

슬프게
좋다.

찬연한 계절이
유혹한다손

이제사
역행(逆行)의 역마(驛馬)를
삯 낼 용기는 없다.

지혜의 열매로
간선(揀選)받은 입술에

식기(食器)만을 권함은
예양(禮讓)이 아니고

노정(路程)이
변방(邊方)에 이르면

안개를 생식(生食)하는
짐승이 된다.

뭇 사람이 돈을 따르듯
불운(不運)과 고뇌(苦惱)에 홀리어

표석(標石)도 없는
운명의 청춘을
가쁘게 가다.

제2항로(第二航路)

스승도 없는
갈릴래아를

어이 가려나
묻지를 말자.

눈물엔
짐짓 피로웁고

인생사
웃어주기엔

젊음이
섧구나.

유배(流配)마냥 불길한
항로(航路)다마는

들메를 바꾸어
뱃머리에 버팀만이

사나이의
자랑일 게다.

출범(出帆)의
징이 울리면

눈부신 사랑들과
손을 맞잡고

피 먹은
짐승스레 취하여

고향도 갈 길도
모르고,

변방(邊方) 항로에
풍랑(風浪)이 일면

사랑과 함께
노래 부르며

해저(海底) 깊이
미소(微笑)로우리.

발길에 차인 돌멩이와 어리석은 사나이와

밤일수록
병들어가는 이 거리에
어리석은 사나이 하나
발길에 차인 돌멩이를 줏어서
팔매할 곳을 노리고 있다.

검은 장막이
수상히 드리운 밤하늘에
불사조(不死鳥)인 양 날려나 볼까.

아니 탁류(濁流)마냥 뻗친
대로(大路) 위를
하돈(河豚)인 듯 곤두박치게 할까.

미칠 듯이 달리는
낯설은 지프 20세기와
돌멩이 하나로 도전(挑戰)해 볼까.

금시 세상이 끝날 듯한 향락이
무르익는 샹들리에의 창(窓)으로
원자탄이나 던져나 볼까.

하마 하늘을 찌를 듯한 빌딩 위에
휘황히 번득이는 마왕(魔王)의 눈깔들을
화살 삼아 견줘나 볼까.

이도 저도 아니라면
세기의 담판이 벌어진 석조전(石造殿)에
평화의 사절로 달려 보낼까.

밤일수록
병드는 거리에
어리석은 사나이와
발길에 차인 돌멩이와

온 곳도 모르고
갈 곳도 모르고

구정물보다 질펀한 포도(鋪道) 위에
뭇 오고 가는 사람 발에 채서
이리 구을고
저리 구을다.

꽃과 주사약
―폐병(肺病) 1

"화자(花子)가 그러는데 지가 가꾸던 꽃이 시드는 것이 하도 안타까워 얼김에 손에 쥐었던 캄풀 한 대를 깨뜨려 부었더니 며칠은 도로 싱싱해지더래요."
　나의 팔에 칼슘을 놓던 아내는 웃으며 이야기를 하였다. 나도 그 당장은 하 신기하길래 따라 웃었다.

　그 이튿날부터 나는 주사를 놓으려는 아내에게
　―시들던 꽃도 주사 바람에 싱싱해지더라는데
　하면서 팔을 쑥 내미는 것이다.
　그러나 주사가 끝나면 아내 몰래 나는
　―며칠만 더 가더라는데
　중얼거리며 쓰디쓴 웃음을 풍기는 것이다.

　화자는 아내가 일하는 병원의 간호사. 나는 화자가 꽃에 칼슘을 뿌려보지 않고 캄풀을 부었음에 대한 또한 남모르는 안타까움이 있다.

바다
―폐병 2

파도만이 보이누나······.•

바다를 바라보던 사나이는 어느 친구의 시 구절을 중얼거리며 1분도 채 못 가서 머리를 떨어뜨리고 다른 어지러운 생각에 잠기곤 하였다. 인간, 운명, 사랑, 시, 생활, 이런 허접스런 것들이었다.

자연에 반역(叛逆)해 온 그의 과거가 이제 자연과 단 1분도 바로 맞서지 못하리만큼 자연에게 배반당하여 이런 기찬 습성(習性)이 저절로 만들어진 것이다.

다시 마음을 단단히 먹고 고개를 들었다. 이번에 눈에 뜨인 것은 섬 기슭 한 모퉁이에 흉물스레 우뚝 솟아있는 파선(破船)된 전함(戰艦) 한 척이었다.

앗, 자기가 저지른 몸서리칠 역사에 그는 눈을 꽉 감아버렸다. 사나이는 가슴을 앓고 이 바다를 찾아온 것이다.

• 파도만이 보이누나······ : 서정태(徐廷太)의 시 〈바다〉에서.

잠 못 이루는 밤에
─폐병 3

쌍창에 달빛이 흘러 그윽한 호심(湖心)을 짓다.

지난 삼동(三冬) 서울 냉(冷)골에서는 세면포대 조각으로 기운 이불을 덮고도 저녁 술만 놓으면 소대상 모양 잠들었는데 푹신한 침대 위에 따스한 이불을 덮고도 어이 나는 잠 못 이루는가.

잠 못 이루는 까닭을 헤아려 볼까…….

상사(想思)도 없는 내사 다 가시지 않은 청춘의 탓도 아니여.

꺼질 줄 모르는 내일의 바램인가, 뉘우침만이 남은 어제의 고달 픔인가, 못 견딜 인생의 괴로움인가.

아니여 이것도 저것도 아니여.

그러면 가슴을 파먹는 벌레인가. 찢어지게 맑은 달빛인가, 아니…….

오올치 맞혔네. 나는 이렇게 눈뜨고도 꿈을 꾸는 짐승이기에 잠들면 흉악한 꿈에 시달리기보다 차라리 이렇게 눈뜨고서 어질고 어진 꿈을 꾸어야지.

만삭이 된 아내의 잠든 얼굴이 또 하나 달이여 희다.

열(熱)
―폐병 4

마치 열에 뜬 송장처럼 사나이는 병상에서 벌떡 일어났습니다.

그는 흰 종이와 마주 앉아 조물주의 비밀을 곰곰 생각합니다. 우주만 한 그 무엇을 그 속에 그리기 전에는 그 채로 미라가 되거나 입에 문 연필로 목구멍을 찌를 망정 다시 눕지 않을 기세입니다.

마침 그때 복숭앗빛으로 창호지를 물들인 저녁 노을을 타고 추억이란 손님이 그를 찾지 않았던들…….

추억은 극히 불행한 사람의 운명적인 과거라도 얼마든지 채색해 주는 재주를 가졌습니다.

추억의 필름은 한 장 두 장 뒤쳐집니다. 먼저 아롱진 소년시절의 꿈이 그의 얼굴을 자랑과 부끄럼으로 홍당무를 만들었습니다. 이어서 요람의 꿈은 무참히도 깨어지고 그의 얼굴엔 분노와 공포가 스치고 나중에는 부서진 꿈 조각을 안고 절망이 뒹굴 제 그는 그림자처럼 어두워집니다,

다시 새로운 인생의 의지와 열망이 피어나고 환희마저 번득였습니다. 그러나 머지않아 침전(沈澱)과 고뇌(苦惱)가 있고 뉘우침과

쓸쓸함이 오가는 속에 가냘픈 갈망(渴望)과 단념(斷念)이 있습니다.

추억은 가까워질수록 자꾸만 짓궂어집니다. 사나이는 현기증이 난 듯이 어지러워져 마주 대한 종이도 이제는 공간(空間)처럼 보이지 않습니다. 마침내 오한이 엄습하여 그는 신장대를 쥔 듯이 온몸을 떨다가 그예 자리에 폭 쓰러지고 말았습니다.

얼마만엔가 이불 속에서 얼굴을 내밀었을 때 그의 눈은 퉁퉁 부어 있었습니다. 맞은편 방에서는 갓서른에 첫 어머니가 된다는 그의 아내가 융바느질을 하고 있습니다. 그의 얼굴엔 마리아의 성상(聖像) 같은 평화가 깃들어 있었습니다.

열이 가신가 봅니다. 이제 사나이는 욕망도 단념도 귀찮아졌습니다.

유언(遺言)

살아서도 못 누린
호사스런 장례일랑
아예 마련치 말라.

까마귀 떼 우짖어
날아가는 어느 아침에

내 시체를 메어다
행길 마루에 버리고

오가는 길손들이
서낭당처럼

조약돌 한 개씩만
팔매케 하라.

묘비(墓碑)도
비명(碑銘)도 다 싫고

어느 실없는 입술을 빌리어

'시지프스*의 손주 한 녀석 이 땅에 귀향 살아 할애비의 고행(苦行)을 거듭하다가 마침내 헛되이 죽었느니라.'

부지런한 사람들에게
간곡히 전하여

모름지기 뒷날을
경계케 하라.

● 시지프스 : 그리스 신화에 나오는 인물로 이 사람에게는 지옥에 떨어져 바위를 메어 올리다가는 떨어지고 또 메어 올리다가는 떨어지는 고역(苦役)이 영원히 부과되었다.

까까와 내일

곤드레가 되어 들어가는 애비에게 두 돌도 안 된 어린것이 고사
리 같은 손을 펼치며
"아버지 까까(과자)."
하면 애비는
"내일 사다 줄게, 많이 내일."
밤마다의 핑계며 대답이며 결심이었다.

오늘도 어저께도 또 내일도 이렇게
헤아릴 수 없는 내일이
거듭되던 어느 날 밤
만드레가 되어 들어간 애비를
보고도 아들은 에미에게 매달린 채 칭얼만거리는 것이어서
에미의 고만 한다는 소리
"아빠 보고 까까 달래라."
하였더니 어린것
"아빠 까까 내일, 까까 내일."
하고 울음보를 터뜨리는 것이었다.

볼 꼴 없이 침대로 기어오르던 애비도
"내일."
"바램도 없는 내일"에

지쳐 그만 누구도 모르게 울고 마는 것이었다.

시 여담(詩餘談)

내 가슴은 모닥불
온갖 잡것
다 없어도

활활 타오르리
목숨의 불꽃아.

어쩔 수 없이 되면 술 먹고 실성(失性)하고 집도 어린것도 잊어버리고.

동지도 가까운 어느 날, 차가운 어느 날, 다다미 육첩(六疊)에는 빚(借) 안개가 자욱 끼어 사뭇 공기가 무거운데 나란 사내자식은 모르는 체 멀뚱멀뚱 밥만 푹푹 처먹다가 차마 못 볼 것을 보았단 말이야.

글쎄 김치 깍두기 밥상에서 여섯 개의 숟갈질이 통김치 그래도 맛난 보시기에 드나드는 젓갈은 내 양은젓갈뿐이고 놋젓갈들은 글쎄 깍두기 보시기만 닥닥 긁어 쌓더군 그래. 허허 기가 차서, 김장이라고 배추 여든 통을 아내가 어찌 하였다더니 허허! 글쎄 구구(九九)를 해 가며 밥들을 눈치 삼아 먹는 것이었지.

이 풍경만은 나란 사내자식에게도 어지간했던지 고약한 심정으로 집을 나온 채 이틀을 술 먹고 호텔에서 별로 신통한 궁리도 없이 자빠졌다가 또 그저 별반 고민도 없는 것 같아 심상히 자정(子正)쯤 기어들어가 애꿎은 문제의 김치와 밥을 쓸어 넣고 어린것 옆에 곤드라져 자 버렸지.

아직도 얘기는 계속 돼야 하는데 이튿날 아침 이불 속에서 눈도 안 뜬 채로 무슨 겸연쩍은 바람에 "먼저들 상(床)을 받아" 점잖게 한마디했더니 아무 소식이 없겠지.

와이셔츠만을 갈아입고 뿔룩해진, 아니 울상이나 된 우리 자(子)야를 끌고 나와 정자옥(丁字屋) 네거리에 오도도 세워 놓고선.

무슨 비장하게 유쾌한 사내처럼 이 잡지사 저 친구를 찾아다니다가 출근이 충실해 재수 없어 요행 걸린 것이 M사 편집장.

시 넉 줄 써 주고 강도처럼 배짱 세게 돈을 내랬더니 편집장, 너무나 허무한지 웃지도 못하고 쌀 한 말 값을 치루기에 그 돈을 받아다 자(子)야를 주고 난생 처음으로 미안하단 말 섞어서 보냈는데.

그래도 아까 편집장의 하도 섭섭한 표정이 자꾸만 쫓아와 찻집 플라워를 찾아서 공짜 차를 마시며 이렇게 쉽게 기인 시 한 장 써서 알맞게 해 버리고 마느니라.

—을축(乙丑) 동지(冬至) 아침

나는 이 속에서

아파트 거실에다
새 세 쌍을 기른다.

십자매, 금화조, 카나리아,

저들이 재잘거려서
집안이 노상 숲 속이다.

사람이 모두 저마다 다르듯
저들도 생김새나 그 성정(性情)이
제가끔 또렷하다.

연지칠 부리를 한 금화조는
솔방울만 한 것이 은방울 소리를 내는데
암컷은 새침데기, 수컷은 덤벙이다.

카나리아는 양인(洋人) 모양 껑충하고
노랑 고수에다 피콜로 가락을 내지만
수쪽이 사나워 암쪽은 풀기가 없다.

십자매는 까치 새끼 같은 모습에

고작 쓰르라미 소리밖엔 못내나
수편이 살뜰해서 금슬이 좋다.

때마다 저들이 합창을 하면
소문난 이 겨울도 봄동산인데
나는 이 속에서 까마귀로 우짖고 산다.

근황 1
―향우(鄕友) L군에게

머리가 세고
수염이 희어지니
돌아가실 무렵 가친(家親)의
판박이 모습일세.

그 악지 세던 성정(性情)도
험준(險峻) 세월에 무디어
역정(逆情)마저 스러졌네.

세상 사물을 보면
거북이가 토끼로
보이기도 하고
토끼가 거북이로
보이기도 하고
이제 시를 쓰려고도
마음을 지어먹지 않는다네.

빈 조개껍데기처럼
비린내 나는 육신과는 헤어져
세상살이 파도 속에서 밀려나 살지.

그래서 구하는 것도 구할 것도 없이
그저 편안하이.

근황 2

닭장 같은 아파트살이지만
디오게네스의 통집보다야
상등(上等)이 아니리까?

좀체 달과 별이야 못 보지만
그런대로 햇빛은 넉넉하고
내 뜰이 없어도
창 밖은 철마다
제 빛을 갖춥니다.

이해(利害)와는 먼 삶인데도
하루에도 몇 차례씩이나
걸리고 넘어지고 차이고
하지만, 반가운 얼굴과
따스한 손길과
고마운 인정도 있어
살만하답니다.

이제 이승에선
내 가슴속의 재가 돼 버린
희망과 절망들이지만

이민갈 사람이 새 땅을 그리듯
저승에다 아롱진 꿈을 그립니다.

근황 3

나의 서재 관수재(觀水齋)에는
은초(隱樵) 옹*의 '관수세심(觀水洗心)'이란
편액(扁額)이 걸려 있다.

저 글귀대로 나는 날마다
성당에나 가듯 윤중제(輪中堤)에 나아가
유유히 흘러가는 한강을 바라보며
걸레처럼 더럽고 추레한 내 마음을
그 물에 헹구고 씻고 빨아보지만
절고 찌들은 땟국은 빠지지 않는다.

흐려진 내 눈으로 보아도 내 마음은
아직도 명리(名利)에 연연할 뿐만 아니라
음란의 불씨도 어느 구석에 남아 있고
늙음과 병약과 무사(無事)를 핑계로 삼아
태만과 안일과 허위에 차 있다.

더구나 나는 이렇듯 강에 나와서도
세상살이 일체에서 벗어나기는커녕
욕정(欲情)의 밧줄에 칭칭 감겨 있으니
어찌 그리스도 폴*처럼 이 강에서

사랑의 화신(化身)을 만날 수가 있으며
싯다르타처럼 깨우침을 얻겠는가?

끝내 나는 승(僧)도 속(俗)도 못 되고
엉거주춤 이 꼬라지란 말인가?

오오, 저 흐름 위에 어른거리는
천국의 계단과 지옥의 수렁!

- 은초 옹 : 진주의 서예가 정명수(鄭命壽) 옹.
- 그리스도 폴 : 스페인의 성자로 강에서 사람을 업어 건네는 수행을 하여 마침내 사랑의 화신 예수의 발현을 체험함.

근황 4

1

두메 시골
도시로 떠나면서
버리고 간 텅텅 빈 집.

산허리 보리밭가
늙은 바위 숫구멍에 앉아
홀로 윙윙대는 쉬파리.

바닷가 모래 위에
비린내나는 육신과는 헤어지고
세상 파도에서 밀려나 있는 조개껍데기.

밤거리 차도엔 휘황찬란
차들이 꼬리를 물었는데
행인 없는 인도에 홀로 서 있는 가로등.

털벌레가 나비가 되듯
이 구차스런 몸뚱이의 허울을 벗고
영원의 동산에 든 나를 꿈꾸는 나날.

2

광대무변한 허공에 매달린 지구 속에
서캐처럼 오물거리는 내가
그 신령한 조화(造化)의 실재를
찾아 헤매다 기진맥진한 오늘,

나는 이제사 깨닫는다.
바로 그것이 원죄(原罪)의 되풀이임을!

3

나는 아침 저녁 기도를 드린다.
하지만 공염불(空念佛)!
그저 경문을 암송할 따름이다.

주일마다 예배에도 빠지지 않고
교회의 규범도 따르고 지켜왔다.
생명보험에나 들었듯 말이다.

그런데 이제 막상 죽음 앞에 서니
천국의 문이 굳게 닫혀 있다.

선행과 사랑의 열쇠도 없으려니와
성령 체험과 같은 비밀번호도 모른다.

하느님!
하느님! 저를 버리시나이까?

서중우음(暑中偶吟)

1

아파트 거실에
돗자리 깔아
죽침(竹枕) 베고 누웠다.

달마화상(達磨和尙)처럼
배꼽마저 내놓고
선풍기로 일진청풍(一陣淸風) 삼으니

한길의 저 소란도
매미소리로 들린다.

2

4층에 있는
아파트 내 서재에
메뚜기 한 마리가
날아들었다.

그놈을 붙들어

윤중제 개펄까지 내다
놓아주면서

저 만남의 기이(奇異)!
이리저리 생각다가
한나절을 보냈다.

3

아파트살이 8년
뜨락도 없이
입추(立秋)를 또 맞는다.

올해도 옛 가을이나
새김질할 수밖에!

부음(訃音)

이 봄엔
친구의 부음이
사흘도리다.

아까운 이가 먼저 간다.

시인의 수입으론
영결(永訣)도 거른다.

영전(靈前)에 설 때마다
다음은 내 차례지 싶다.

아무런 준비가 없다.

삶도 부실했거니와
가족이나 세상에게
너무나 잘못했다.

저승 가서도 부모님이랑
이웃이랑 뵐 낯이 없다.

더구나 하느님께는
두렵기만 하다.

하지만 나의 부음도
어차피 멀지 않다.

임종예습(臨終豫習)

흰 홑이불에 덮여
앰뷸런스에 실려 간다.

밤하늘이 거꾸로 발 밑에 드리우며
죽음의 아슬한 수렁을 짓는다.

이 채로 굳어 뻗어진 내 송장과
사그라져 앙상한 내 해골이 떠오른다.

돌이켜보아야 착오투성이 한평생
영원의 동산에다 꽃 피울 사랑커녕
땀과 눈물의 새싹도 못 지녔다.

이제 허둥댔자 부질없는 노릇이지⋯⋯

'아버지 저의 영혼을
당신 손에 맡기나이다.'

시늉만 했지 옳게 섬기지는 못한
그분의 최후 말씀을 부지중 외면서
나는 모든 상념에서 벗어난다.

또 숨이 차온다.

병상우음(病床偶吟) 1

앓아 누워야만
천국행 공부를 한다.

마치 입시 전날에사
서두르는
게으름뱅이 학생 같다.

교과서야 있고
참고서도 많지만
무슨 준비를 어떻게 해야 할지
갈피를 못 잡고 허둥댄다.

그래서 재수(再修)부터 마음먹는
수험생처럼
'다시 한번만 기회를 주신다면' 하지만
번번이 헛다짐이다.

이러다간 영원한
낙제생이 되지 싶다.

아니! 그건 안 된다.

병상우음(病床偶吟) 2

병상에서 내다보이는
잿빛 하늘이 저승처럼
멀고도 가깝다.

돌이켜 보아야
80을 눈앞에 둔 한평생
승(僧)도 속(俗)도 못 되고
마치 옛 변기에 앉은
엉거주춤한 자세로 살아왔다.

이제 허둥대 보았자
부질없는 노릇……

어느 호스피스 여의사의
"걱정마세요. 사람도 죽으면
마치 털벌레가 나비가 되듯
영혼의 날개를 펼칠 것이니까요."
라는 말이 저으기 위안이 된다.

병상우음(病床偶吟) 3

병실 창문으로
오직 보이는 저 하늘,
무한히 높고 넓고 깊은
그 속이나 아니면 그것도 넘어서
그 어딘가에 있을 영원의 동산엘

털벌레처럼 육신의 허물을 벗어놓고
영혼의 나비가 되어 찾아들 양이면
내가 그렇듯 믿고 바라고 기리던
그 님을 뵈옵게 됨은 물론이려니와

내가 그렇듯 그리고 보고지고 하던
어머니, 아버지, 형, 먼저 간 두 아들과 아내
또한 다정했던 벗과 이웃들을 만나서
반기고 기쁨을 나눌 것을 떠올리니

이승을 하직한다는 게
그닥 섭섭하지만은 않구나.

병후(病後)

보름을 앓아 눕다
일어나 창을 여니

마당에는 흰눈이
수북이 쌓여 있고

그 위를 황금 햇빛과
맑은 공기만이
뛰놀고 있었다.

나는 혼자서 알아낸다

산정(山頂)에 밀려 올라가 붙은
판잣집 창에
머리에 부스럼 자국이 난 선머슴처럼
얼굴을 대고
나는 혼자서 알아낸다.

저기, 흐르는 푸른 강에
물고기들이 흐느적 놀 듯이
여기, 황토 굳은 땅에
개미가 들락날락 일하듯이

첫째 우리 인간도
서로 물어뜯지 말고
아우성도 없이 살아야 함을
나는 혼자서 알아낸다.

한낮의 백금(白金) 같은 날빛을
온몸에 받으며
누구나 낙망(落望)의 휘장을
스스로 가리지만 않는다면
언제 어디서나 마침내

광명(光明)을 누릴 수 있음을
나는 혼자서 알아낸다.

몇 뼘도 안 되는 꽃밭에
코스모스가 서서 피고
채송화가 앉아 피는 것을 보고
만물은 저마다 분수(分數)를 다할 때
더없이 아름답다는 것을
나는 혼자서 알아낸다.

이제사 겨우 눈곱이 떨어지는
선명(鮮明)으로
진선미(眞善美)가 저렇듯 실재하다는 것을
나는 고개를 끄덕이며
혼자서 알아낸다.

노부부(老夫婦)

아름다운 오해로
출발하여
참담(慘憺)한 이해에
도달했달까!

우리는 이제
자신보다도 상대방을
더 잘 안다.

그리고 오히려
무언(無言)으로 말하고
말로써 침묵한다.

서로가 살아오면서
야금야금 시시해지고
데데해져서
아주 초라해진 지금
두 사람은 안팎이
몹시 닮았다.

오가는 정이야 그저

해묵은 된장 맛……

하지만 이제사
우리의 만남은
영원에 이어졌다.

노처(老妻)

나는 이즈막 노처의 단점이나
결함이 고마워졌다.

그녀가 나에게 온 전화를 대신 받고
그 용건을 정확히 못 전하는 것도
그녀가 자기 울타리 밖 세상사에는
귀가 먹은 듯 일체 돈담무심(頓淡無心)인 것도
또 나의 문학에 오불관언(吾不關焉)인 것도

모두가 언짢고 섭섭하기는커녕
도리어 나에게 다행하게 여겨진다.

가령 그녀가 매사에 빈틈이 없고
가령 그녀가 세상사에 관심이 많고
또 나의 문학에 참견하고 나섰던들

내가 그런 버거운 여자의
사내 구실을 어떻게 했겠으며
그녀도 나같이 서글픈 남자의
아내 노릇을 어떻게 했겠는가?

올해로 결혼 40년!
우리가 파경(破鏡)에 이르지 않은 것은
이렇듯 서로의 장단(長短)이 맞아서임을
이제사 겨우 깨우친 것이다.

어느 노우(老友)
─니시무라(西村) 옹에게

그의 모습에는
전설에선가,
신선도(神仙圖)에선가 만난
그런 아득함이 감돈다.

그의 뒷모습에는
흰 구름의 호젓한 그림자가
드리워 있다.

그의 몸에서는
고산식물(高山植物)의 내음이 난다.

그는 유한(有限)한 이승을 소박히 알며
그는 무한(無限)한 저승을 소박히 꿈꿔
현존(現存)에서 영원을 산다.

그를 만나면
어리석은 나도
염화(拈華)의 미소를 짓는다.

여정(旅情)

나의 여사(旅舍) 맞은편 길, 울타리 나무밑동 사이로 고양이 한 마리가 빠끔히 내다보고 있다.

이 녀석이 몸집은 좀 커 보이지만 3년 전 내가 사귀던 바로 그 고양이지 싶은데 "야옹" 하고 부르니 이제 그 한국말도 나도 다 잊어버렸는지 달려와 내 손을 부벼대기커녕 눈이 올랑해져서 경계하는 눈치다.

어쩌면 그 고양이는 죽고 그것의 새끼거나 그 새끼의 새끼일지도 모르겠다.

내가 저를 해코자 하는 기색이 없는 것을 알아차렸는지 이제는 안심한 듯 그 자리에 주저앉아서 말끄러미 나를 쳐다본다.

그 표정이 하도 낯익길래 기억을 더듬으니 당질녀(堂姪女)의 딸 '보라'의 모습이다.

이번 이 타관의 고양이에게 '야옹' 소리를 가르치기엔 내가 이 고장에 머무르는 시간이 짧기도 하려니와 또 나는 3년 전보다 마음도 늙어 누구나 무엇과 새로 사귀는 게 귀찮아졌다.

그러면서도 왜? 이 태평양(太平洋) 한복판 섬에는 또 와 있는지 스스로도 모를 일이다.

— 하와이 호놀룰루에서

노경(老境)

여기는 결코 버려진 땅이 아니다.

영원의 동산에다 꽃 피울
신령한 새싹을 가꾸는 새 밭이다.

젊어서는 보다 육신을 부려왔지만
이제는 보다 정신의 힘을 써야 하고
아울러 잠자던 영혼을 일깨워
형이상(形而上)의 것에 눈을 떠야 한다.

무엇보다도 고독의 망령(亡靈)에 사로잡히거나
근심과 걱정을 능사(能事)로 알지 말자.

고독과 불안은 새로운 차원의
탄생을 재촉하는 은혜이어니
육신의 노쇠와 기력의 부족을
도리어 정신의 기폭제(起爆劑)로 삼아
삶의 진정한 쇄신에 나아가자.

관능적(官能的) 즐거움이 줄어들수록
인생과 자신의 모습은 또렷해지느니

믿음과 소망과 사랑을 더욱 불태워
저 영원의 소리에 귀 기울이자.

이제 초목(草木)의 잎새나 꽃처럼
계절마다 피고 스러지던
무상(無常)한 꿈에서 깨어나

죽음을 넘어 피안(彼岸)에다 피울
찬란하고도 불멸하는 꿈을 껴안고
백금(白金)같이 빛나는 노년(老年)을 살자.

나는 알고 또한 믿고 있다

이 밑도 끝도 없는
욕망과 갈증의 수렁에서
빠져나올 수 없음을
나는 알고 있다.

이 밑도 끝도 없는
오뇌와 고통의 멍에에서
벗어날 수 없음을
나는 알고 있다.

이 밑도 끝도 없는
불안과 허망의 잔을
피할 수 없음을
나는 알고 있다.

그러나 나는 또한 믿고 있다.

이 욕망과 고통과 허망 속에
인간 구원의 신령한 손길이
감추어져 있음을,

그리고 내가 그 어느 날
그 꿈의 동산 속에 들어
영원한 안식을 누릴 것을

나는 또한 믿고 있다.

홀로와 더불어

나는 홀로다.
너와는 넘지 못할 담벽이 있고
너와는 건너지 못할 강이 있고
너와는 헤아릴 바 없는 거리가 있다.

나는 더불어다.
나의 옷에 너희의 일손이 담겨 있고
나의 먹이에 너희의 땀이 배어 있고
나의 거처에 너희의 정성이 스며 있다.

이렇듯 나는 홀로서
또한 더불어서 산다.

그래서 우리는 저마다의 삶에
그 평형과 조화를 이뤄야 한다.

네 마음에다

요즘 멀쩡한 사람들 헛소리에
너나없이 놀아날까 두렵다.

길은 장님에게 물어라.
해답은 벙어리에게 들으라.
시비는 귀머거리에게서 밝히라.
진실은 바보에게서 구하라.

아니, 아니, 그게 아니라

길은 네 마음에다 물어라.
해답은 네 마음에서 들으라.
시비는 네 마음에서 밝히라.
진실은 네 마음에다 구하라.

내 마음의 울 속에는
―불이문(不二門)의 한 소식

내 마음의 울 속에는
언제나 서로 마주하고
짖어대고 으르렁대는
두 마리 짐승이 살고 있다.

한 마리는 끊임없이
엇나가고 저지르고
망치고 비틀어지고

한 마리는 이와 반대로
이를 말리고 억누르고
막고 굴복시키려 들었다.

선과 악
사랑과 미움
이성과 감정
영혼과 육신

저 싸움은 마치
사지가 찢어지는
고통을 수반했다.

그러나 이즈막에 와서는
육신의 노쇠와 더불어서랄까
마음의 눈이 조금 떠서랄까
저 두 마리 짐승들도 서로가

그렇듯 격심하고 치열하던
대립과 대결을 서로 멈추고
서로 측은해하며 어울리더니

필경, 서로 둘이 아니라
이 삶을 지탱하기에 필요한
하나의 작용이었음을 깨닫는다.

고 요

평일 한낮
명동성당 안에는
고요만이 있었다.

온 세상이
일체 멈춤과 같은
침묵과 정적 속에
제단 위에 드리운 성체등(聖體燈)*이
이 역시 고요한 빛을
발하고 있었다.

수라장(修羅場)을 방불케 하는
문 밖 거리의 인파와 소음은
마치 딴 세상 정경인 듯
오직 죽음과 같은 고요 속에
고요가 깃들어 있었다.

그 고요 속에 나 또한
고요히 잠겼노라니
그 고요가 고요히 속삭였다.

이제 너의 참마음을 열어보라고!

그러나 나는 말은 못하고
눈물만 흘렸다.

• 성체등 : 예수의 몸의 상징물인 가톨릭 전례(典禮)에 쓰는 성화(聖化)된 빵을 제단의 함 속에 모시는데, 이를 알리기 위해 그 위나 옆에 켜 놓은 초나 등.

고 백

어느 시인은 하늘을 우러러
'한 점 부끄럼이 없기를' 하고 읊었지만
나는 마음이 하도 망측해서
하늘을 우러러 부끄럽고 어쩌구커녕
숫제 두렵다.

일일이 밝히기가 민망해서
애매모호하게 말할 양이면
나의 마음은 양심의 샘이
막히고 흐리고 더러워져서
마치 칠죄(七罪)의 시궁창이 되어 있다.

하지만 머리 또한 간사하여
여러 가지 가면과 대사를 바꿔가며
그래도 시인이랍시고 행세하고
천연스레 진·선·미를 입에 담는다.

그뿐인가! 어디.
아침 저녁 건성 기도문을 외우고
주일마다 교회 예배에도 빠지지 않고
때로는 신앙의 글도 쓰고 말도 하니

옛 유태의 바리사이*와 무엇이 다르랴.

하기는 이따금 그 진창 속에서도
흙탕과 진흙을 말끔히 퍼내고 뚫어서
본디의 맑은 샘을 솟게 하고 싶지만
거짓으로 얽히고 설킨 세상살이의
현실적 파탄과 파멸이 무서워서
숨지기 전에는 엄두를 못 내지 싶은데
막상 그 죽음을 떠올리면 이건 더욱
그 내세(來世)가 불안하고 겁난다.

이 밤도 TV에서 저 시구(詩句)를 접하고
걷잡을 바 없는 암담 속에 잠겨 있다가
문득 벽에 걸린 십자가상을 바라보고는
그 옆에 매달렸었을 우도(右盜)*처럼 주절댄다.

주님! 저를 이 흉악에서 구하소서……

하지만 이 참회가 개심(改心)에 이어질는지를
나 스스로가 못 믿으니 이를 어쩐다지?

● 바리사이 : 옛 유태교의 한 종파로서 지배계층으로 군림하며 위선적이었음.
● 우도 : 십자가 위 예수의 오른쪽에 매달려 있던 도둑으로, 회개로 나아가 그리스도로
부터 그 구원을 약속 받음.

임종고백(臨終告白)

나는 한평생, 내가 나를
속이며 살아왔다.

이는 내가 나를 마주하는 게
무엇보다도 두려워서였다.

나의 한 치 마음 안에
천 길 벼랑처럼 드리운 수렁

그 바닥에 꿈틀거리는
흉물 같은 내 마음을
나는 마치 고소공포증
폐쇄공포증 환자처럼
눈을 감거나 돌리고 살아왔다.

실상 나의 지각(知覺)만으로도
내가 외면으로 지녀온
양심, 인정, 명분, 협동이나
보험에나 들 듯한 신앙생활도

모두가 진심과 진정이 결한

삶의 편의를 위한 겉치레로서
그 카멜레온과 같은 위장술에
스스로가 도취마저 하여 왔다.

더구나 평생 시를 쓴답시고
기어(綺語) 조작에만 몰두했으니
아주 죄를 일삼고 살아왔달까!

그러나 이제 머지않아 나는
저승의 관문, 신령한 거울 앞에서
저런 추악망측한 나의 참 모습과
마주해야 하니 이 일을 어쩌랴!

하느님, 맙소사!

● 임종고백 : 가톨릭에서 죽음에 임한 사람이 한평생 자신이 저지른 죄를 뿌리째 사제
(司祭)에게 고백하고 참회하는 신앙교범.

새봄의 조화

엊그제도 함박눈이 오셨는데
오늘은 해사하고 따스한 날씨,

산책을 나서다 무심히 바라보니
아파트 잔디밭 양지바른 곳마다
파릇파릇 새 풀들이 소복하다.

나는 놀라움과 반가움에 멈칫 서서
다가올 자연의 향연을 떠올리다가
뿌리 썩은 고목(古木) 같은 자신이 서글퍼진다.

이제 이내 몸은 소생은커녕
하루하루 버티기가 고작이지만
나도 머지않아 이승이 끝나는 대로
바로 다름 아닌 저 신령한 조화(造化)로서
저승의 새 삶을 누리겠거니 여기니
다시 새봄이 흥그러워진다.

어느 비 개인 석양(夕陽)

태풍까지 스쳐간
어느 비 개인 석양
아파트 뜰 등덩굴 시렁 밑
평상에 앉아 있다.

나무와 꽃과 잔디풀 잎새에는
아직도 빗방울들이 반짝이고
더러는 굴러 떨어지고 있다.

때아닌 선들바람마저 불어와
내 몸 마음이 마냥 싱그러워져서
저 빛나는 푸르름과 더불어
마치 즐거운 꿈속에 든 것 같다.

태풍일과후(颱風一過後)랄까!
지난 세월, 고되고 괴롭고 쓰라리고
안쓰럽고 부끄럽고 뉘우쳐지는
삶의 고비와 갖가지 사연들이
그야말로 비바람 자듯 개이고
엄두도 못 낼 평화와 안식 속에 있다.

이윽고 저 장밋빛 황혼처럼
나의 이승의 노을에 다가오는
죽음의 그림자마저도, 이 저녁엔
소년 적 해질 무렵이면 찾으시던
어머니의 그 부름, 그 모습처럼
두렵기커녕 도리어 기다려진다.

노년(老年)

이건 참으로 내키지 않는 고백이지만
이제 나의 늙음을 내 스스로가 느낀다.

첫째 나 자신도 모르는 새
내가 나에게서 빠져나간 것같이
나른하고 몽롱하다.

오직 자신의 70평생 삶이
내 뜻대로 되고 나의 것이 된 것은
하나도 없다는 것만은 알아차린다.

하기야 여전히 눈으로 보고
귀로 듣고 또 무슨 생각도 하지만
그것은 이미 나에게서 스러지고
그것은 이미 나에게서 멀어지고
그것은 이미 나에게서 벗어난
환영(幻影)과 환청(幻聽)과 환상(幻想)과 매한가지요
열정(熱情)과 역정(逆情)과 소망(所望)의 대상이 아니다.

갈수록 추억만이 채색되고 선명해져서
때마다 장의자(長椅子)에 기대어 앉지만

그것도 태질하는 그 세월 속에서
그저 시달리며 고달프게 산 것밖에
아무런 공덕(功德)도 자랑도 될 것이 없고

이제까지 끄적여 온 나의 시라는 것도
머지않아 내 인생의 회귀(回歸)와 함께
저 마당에 떨어져 쌓인 낙엽처럼
쓰레기 더미에 버려질 것이다.

그러나 여기서 다가올 죽음을 생각하면
나의 영혼의 빈 창고를 떠올리게 되고
내세(來世)에 대한 불안이 엄습한다.

인생의 재수(再修)란 없지?
아니 우도(右盜)의 회심(回心)도 받아들여졌거니!
나도 오로지 마지막 귀의(歸依)를 다짐한다.

늙은이 병치레

지난해 12월 초순부터
지병인 천식으로 앓기 시작
거기다 전립선 비대증의 수술과
망막염과 백내장의 악화로
병원 출입만 일삼고 석 달을 보낸다.

이런 신병(身病)이야 억울할 나이도 아니매
힘들고 새고 참아 견딘다지만
이렇게 되면 학교 강의, 원고 약속, 강연 약속,
주례 약속, 회의 약속 등 죄다 실언(失言)을 한다.

하는 수 없이 그 사유를 밝힌 즉슨
그 상대방을 비롯 한입 두입 건너
친구, 친지, 후배, 제자, 이웃들에게서
문병의 전화나 편지, 방문 등을 받는데
그중 어떤 수녀님은 9일 기도*를 해 주시고
어떤 스님은 구병시식(救病施式)*의 축원을 해 주시고
오늘 옥중(獄中)의 어떤 인연으로부터는
염주(念珠)기원을 아침저녁 바친다는 글발이다.

실로 복에 겨워서 하는 소리 같지만

내가 평생 생활지침으로 삼아 온 것은
현실적으로나 정신적으로나 결코
'남의 짐이 되지 않는다'는 것인데
이렇듯 남들의 은고(恩顧)를 끔찍이 입으니
실로 민망하고 송구스럽기 그지없으며
회춘(回春)이 된들 이를 어찌 갚는단 말인가?

저런 많은 이들의 치성 덕분인지
이제 천식은 말끔히 가셔졌고
전립선 수술도 성공적으로 끝마쳐서
오늘은 오줌통에 끼웠던 고무줄을 뽑고서
그 시원함에서 이런 심회를 긁적거리는데
앞으로 눈 수술도 아무 탈 없지 싶다.

- 9일 기도 : 가톨릭의 축원 형식으로 한 가지의 목적을 지니고 9일 동안 연속적으로 기도를 행함.
- 구병시식 : 불교의 법요의식(法要儀式)의 하나로 병자의 쾌유를 축원함.

삶과 죽음 1

죽음! 너는 나와 한 탯줄에서
한날 한시에 태어난 쌍둥이

너는 나에게서 언제 어디서나
떨어지지 않는 또 하나의 그림자

나는 너를 마주할 때마다
너를 어둠의 수렁으로 섬짓해하고
너를 천 길 벼랑으로 섬뜩해하고
마치 원수나처럼 외면하려 든다.

하지만 돌이켜 생각하면
나는 너로 말미암아 그나마
삶의 명암과 그 덧없음도 알게 되고
삶의 보람과 그 기쁨도 깨닫게 되고
신비하고 무한한 가능성에도 살게 되었다.

또한 나는 너와의 현존(現存)에 앞서
우리를 있게 한 실재(實在)를 우러르게 되었고
그 조화(造化) 속의 나의 불멸을 믿게 되었고
그 영원 속의 삶을 그리고 기리게 되었다.

―누가 죽음을 종말이라고 말하는가!

모든 존재의 그 표상(表象)은 변하고 변해도
영원 속에서 태어난 존재의 끝은 없고
죽음은 그 영원에의 통로요, 회귀(回歸)요,
또 하나 새 삶의 시작일 뿐이다.

삶과 죽음 2

우리 인간은 태초부터
이 우주만물과 더불어
비롯함도 마침도 없는 님의
그 신령한 힘으로 태어났다.

이제 이 지구란 별에 와서
육신이란 옷을 걸치게 되었지만
마침내 우리는 또다시 그 님의 품에
되돌아가야 한다.

님의 품, 우리의 그 본향(本鄕)이
광대무변한 이 우주 안에 있는지
아니 그것도 넘고 넘어서 있는지
그것은 아무도 모른다.

하지만 우리는 돌아갈 고향이
저렇듯 있음을 한시도 잊지 말고
또한 거기에는 축복된 새 삶이
펼쳐질 것을 추호도 의심치 말고,

아무리 오리무중(五里霧中)과 같은 시대 속에서도

아무리 미혹과 방황의 표류 속에서도
아무리 칠흑과 같은 어둠 속에서도
아무리 실패와 좌절의 수렁 속에서도
아무리 파탄과 절망의 구렁 속에서도
아무리 풍랑과 격동의 와중에서도

우리는 되돌아갈 고향이 있다는 것을
굳게굳게 믿으며 거기서 힘을 얻자.

그리고 그 님이 우리의 육신 속에
사람의 징표로 은혜롭게 심어 주신
양심의 소리에 언제나 귀 기울이며
오늘서부터 영원을 즐겁게 살자.

몰염치, 파렴치 세상

대학 부정입학사건의 TV 보도에 그 연루자들이 경찰의 조사를 받으면서
어떤 이는 고개를 푹 숙이고
어떤 이는 옷깃으로 얼굴을 가리고
어떤 이는 숫제 겉옷을 뒤집어쓰고 있는 장면을 바라보다가 내가
"저렇듯 부끄러운 짓들을
하기는 왜 한담?"
하였더니 함께 보던 집안 젊은이가
"저들이 어디 부끄러워서 그러나요.
얼굴이 널리 알려지면 앞으로
사는 데 불편할까 봐 그러는 거지요."
라고 핀잔주듯이 말했다.
"그럼 저 부끄럼도 가짜란 말씀이군."
"그럼요! 요즘 사람들에게는 수치심이란 게 어디 있나요. 한 마디로 몰염치 파렴치 세상이죠."

창세기를 보면 인류의 원조(元祖) 아담과 이브가 금기의 열매를 따먹고 숲 속에 숨었다가 하느님의 부르심으로 나설 때 그 알몸을 무화과 잎새로 가리고 나온다. 즉, 그들은 인간의 실존과 양심의 자각으로 최초에 느낀 것이 부끄러움인 것이다.

그래서 수치심은 인간 양심의 징표일 뿐 아니라 인간 구원의 싹 수이기도 하다. 만일 부끄러움을 잃어버린, 또는 팽개쳐버린 인간은 한갓 짐승과 다를 바 없고 아니 오히려 짐승보다도 못한 흉악한 존재가 되고, 또 이런 무리들의 세상살이가 그 어떨는지는 입에 담거나 상상하기조차 두렵다.

원경(遠景)

어린 시절 나 홀로만의 정취(情趣)는
마을 뒷산 시제(時祭)터 등성마루에 올라
멀찌막이 풍경을 바라보는 것이었다.

나는 20년이나 여의도(汝矣島)살이를 하면서
올라가 즐길 산도 언덕도 없는지라
때마다 63빌딩 옥상엘 오른다.

무성한 풀섶과 관목(灌木)의 산길 대신
전망창이 달린 고속 엘리베이터 속에서
조무래기 친구들의 저마다의 함성으로
이 늙은이는 더욱 어지럽다.

옥상에 올라 전망대를 돌면서
탁 트인 사방을 멀찍이 바라볼 제
가까이서는 그렇듯 구정물 같은 한강도
은은한 빛으로 유유히 흐르고 있고
소풍객들의 술자리와 화투판이 벌어지고
소요와 소란이 끊임없는 선착장도
낭만적이기 짝이 없는 풍경과 풍정(風情)이다.

저 병풍처럼 둘러쳐 있는 북악과
가리개처럼 놓여 있는 남산 아래
즐비한 빌딩들과 총총 박힌 인가(人家)도
여기서는 액자 속 한 폭의 그림이요,

심지어 소음과 매연을 내지르며
거리와 다리 위를 질주하는 차량들과
저 난장판 국회의사당을 비롯해
콘크리트 숲처럼 늘어선 아파트들도
닭장 같은 그 속의 부조리한 삶을 감춘 채
모두 다 정연하고 평화롭고 아름답다.

스카이 라운지에 들러 차를 마시면서
거리라는 필터의 요술을 음미하노라니
초겨울의 어스름이 마취제처럼 퍼져온다.
다시 전망대로 나가면 밤의 서울은
휘황찬란한 보석의 꽃밭이요, 행렬이다.

아마도 나는 근경(近景)의 환멸 속에서
원경(遠景)의 환상 쫓기를 즐기나 보다.

우음(偶吟)

사랑을 알고
사랑에 살다
사랑을 안고
죽는 이는
참으로 행복하거니

그 이별의 슬픔도
사랑 속에서만은
아름답게 빛나고
길이길이 남고

그리고
영원의 저 동산에는
사랑의 그 꽃이 피리.

인정 이야기

　새로 이사 온 이웃집 애가 놀이터에서 주저앉아 울길래 달래서 제 집에 데려다 주었더니 그 애 엄마가 하도 고마워해서 나도 마음이 자못 흐뭇했다.

　다음날부터 그 애와 걔 엄마는 나를 보면 반색을 하고 차츰 그 집 다른 식구들도 인사를 건네 왔다. 이렇듯 한 오라기 인정으로도 남의 마음의 빗장을 열고 맑은 기쁨을 마냥 맛보게 된다.

　그러나 실상 그 인정이란 어느 누구만의 소유도 능력도 아니요, 사람이면 모두 다 지닌 마음의 샘이다. 그리고 그 샘은 컵에 든 물처럼 마시면 없어지는 것이 아니라, 푸고 퍼낼수록 샘솟는 신비의 샘이다. 오직 우리가 자신의 그 샘을 푸고 퍼내지 않아 막히고 마르고 버려져 있을 따름이다.

　그래서 누구든 자신의 그 인정을 누구에게라도 즐거이 쓰고 나눌 양이면, 상대방에게는 불신의 벽을 허물게 하고, 마음의 문을 열게 하며, 자신에게는 삶의 보람과 그 기쁨을 맛보게 한다. 비단 이것은 사람만이 아니라 이 세상 사물 어느 것에나 그 인정을 쓰거나 베풀면 이제까지는 자신과 아주 무관하던 것들이 슬며시 다가와 그 가슴에 안긴다.

오오, 인정! 신비한 마음의 샘,

 예수가 가르친 사랑도, 석가의 자비도, 공자의 어짊도, 바로 이 인정의 발휘 이외에 별 게 아니다. 그게 아니라면 그분들이 어떤 사람만이 지니는 소유나 능력을 모든 사람에게 요구하였겠는가? 그런데 항용 우리는 '나는 가진 게 없어서' '나는 힘이 없어서' 라는 핑계로 이 인정의 발휘를 회피하며 산다.

어느 이웃의 이사

며칠째 그 개가 안 보인다.
한쪽 발목이 잘린 앞다리를 들고 아파트 앞뒤 뜰을 껑충껑충 돌아다니던 그 바둑이가 안 보인다.

물론 그 개 주인네도 안 보인다.
예순을 갓 넘겼을까? 곱상스레 늙어가는 이웃 동(棟)의 아낙네, 지난 늦여름 어린이 놀이터 등덩굴 시렁 아래 나무의자에 우연히 함께 앉게 되어 개의 내력을 물었더니

"지난해 막내 딸애가 행길에서 발목을 다치고 킁킁거리며 헤매는 강아지가 하도 불쌍해서 데려왔는데요, 처음에는 그저 가엾어서 길렀더니 이제는 정이 들어 한 식구가 됐지 뭐예요!"

하고는 덧붙이는 사연인즉

"그런데 그만 크니까 집에 들면 낯을 가려 문 밖에 인기척이 나면 고래고래 짖어대서 이웃에서 뭐라고들 하거든요. 그래서 할 수 없이 집을 내놨어요. 독채로 이사를 가려구요."

하더니 마침내 이사를 갔나보다.

나는 아파트 뜰에서 그 개를 만날 때마다 이 콘크리트 숲 속에서도 인정의 샘에 때마다 목을 축이는 느낌이었던지라 아쉽고 허전하기 짝이 없지만 그 개를 위해 이사를 간 주인네의 갸륵한 마음씨를 떠올리면 이것도 한갓 이기심(利己心)이어서 부끄럽기 그지없다.

어떤 충고

일요일 아침이면 전화가 걸려온다. 아리따운 여인에게서가 아니라 저 경남 양산군 산 속 백운공원이라는 공동묘지의 산지기로 사는 팔순의 노시인(老詩人) 박노석(朴奴石) 형에게서다.
"별고 없어?"
"그저 그래요."
"맨날 바쁜가?"
"쫓기듯 살아요."
이게 전화의 주내용이고 거기다 서로가 한두 마디 객담(客談)을 덧붙인다.

한평생을 동기간처럼 지내오며 내가 그분을 형사지(兄事之)하는 터수라 문안전화라도 내가 걸어야 마땅한지라 사절도 하고 선수(先手)도 쳐보았지만
"이건 내 낙이야."
라면서 기어코 당신이 건다.

그러다가 지난 일요일엔 내가 지병인 천식으로 누워 그 전화마저 못 받고 지내다가 오늘은 기침과 가래가 멈추자 평일이거나 말거나 내가 걸었더니
"응 좀 나았어? 다행이군."
하더니 무슨 생각에선지 핀잔주듯

"운성(暈城)*은 세상, 그만 좀 열심히 살라구, 그만 좀 말이야."

하고는 전화를 끊었었는데 얼마 안 있어 그쪽으로부터 전화가 다시 걸려와서는

"물론 나도 운성이 명리(名利)를 탐해서 그렇듯 세상을 열심히 사는 게 아닌 줄은 알아."

"하지만 이제는 세상을 버리는 공부를 좀 하라구! 그럴 때도 되지 않았어?"

모처럼 그분다운 충고요, 교훈이었다. 나도 그럴 때가 된 것만은, 또 세상을 줄여서 살아야 한다는 점만은 느끼고도 있었고 이번 자리보전을 하고 누워서도 그 궁리를 하고 또 하곤 했다. 그러나 70여 평생 갖가지 인연의 밧줄과 쇠사슬에 칭칭 감기고 묶여 있는 몸인지라 저 형처럼 훌쩍 산 속으로 들어가기는커녕 제자리걸음에서 표도 내지 않고 세상에서 물러서 살아야 하는데 이야말로 나의 삶의 마지막 공부요, 과제다.

● 운성 : 필자의 아호.

죽은 이들과 더불어

이즈막 나는 산 사람보다
죽은 이들과 더불어
더 많이 어울리며 산다.

저들의 다정하던 얼굴도 반갑지만
그 찌푸리던 얼굴이 더욱 선명하고
더구나 웃던 얼굴은 눈에 선하다.

그 말버릇과 목소리도
또렷이 들려오고
나의 말이나 짓거리에 대한
저들의 응답도 훤히 떠오른다.

저들은 수호천사*들처럼
언제나 나를 에워싸고 있어
내가 부르기만 하면 나타난다.

나는 콘크리트 숲 속
닭장 같은 아파트 서재에
거의 혼자 지내고 있지만
저들이 함께 살고 있어

결코 외롭지가 않다.

다만 저들이 살아 있을 때
내가 저들에게 저지른
미욱하고 부실한 짓들이
노상 마음에 걸리지만

저들은 생시에도 그랬었듯
'싱겁고 덜된 친구'라면서
웃으며 용서들을 해주겠지.

실은 나는 이 초여름 밤
저 대구 자갈마당* 어느 창굴(娼窟)에서
중섭(仲燮)이랑 포대령(砲大領)*이랑 함께 질탕
밤새는 줄도 모르고 어울리다가
신새벽에 이것도 시라고 적는 바다.

- 수호천사 : 가톨릭에서는 인간을 보호하는 임무를 지닌 천사가 있다고 믿음.
- 자갈마당 : 대구의 어느 동명(洞名).
- 포대령 : 고(故) 이기련으로 기인이었음.

수의(壽衣)

아내의 시신(屍身)을 영안실에다 옮기고
나는 대합실 돗자리 한구석에
멍하니 앉아 있었다.

한참 뒤 사무실 직원이 오고
며느리가 딸애랑 저희 이모랑
수근대더니 나에게 다가와

수의가 한 벌에 50만원부터
최상품이 120만원인데
65만원짜리를 골랐으니
'아버님 의견은 어떠시냐' 란다.

평소 같으면 나는 으레
'알아서들 하렴' 이었겠지만
힐끗 영정(影幀)을 쳐다보니
한복도 양장도 아닌 진료의(診療衣) 차림이라

'평생 옷 한 벌 해줘 본 적이 없구나'
하는 생각이 들어

―그거 120만원짜리,
 120만원짜리로 해라!

마치 역정(逆情)난 사람처럼 내뱉고는
옆으로 돌아앉아 버린다.

그리고 다시금 곰곰 헤아리니
아내는 비록 저승에서일망정
이런 턱없는 호사를 탐탁해 않지 싶고

한편 나는 그녀가 다시 살아난다면
아마 홑 20만원짜리도 안 해주지 싶어
마음이 자못 개운치가 않았다.

유명(幽明)의 데이트

안성* 캠퍼스엘 나간 어느 날, 학생행사로 오전 수업을 거르게 되어 조교에게 "나, 데이트 좀 하고 올게"라고 일러놓고선 읍내로 들어가 꽃 몇 송이를 사들고는 거기서 멀지 않은 산골짝 교회 묘지에 묻힌 아내의 무덤을 찾았다.

달포 전 추석에 온 가족이 왔었던 터라 무덤은 잔디랑도 가지런하고 상석(床石) 앞 돌화분에 지난번 꽃다발만 시들어져 있었는데 그 뒤

| 지아비 | 구(具) | 요한 | 상(常) | 무덤 |
| 아 내 | 서(徐) | 데레사 | 영옥(暎玉) | |

1919년 9월 16일 출생   별세
1919년 2월 4일 출생 ~ 1993년 11월 5일 별세

라고 새겨진 비석은 나의 사망일자 기입만 기다리고 있는 느낌이었다.

성호(聖號)를 긋고 아내의 천상복락(天上福樂)을 소박히 기원하고 아울러 내가 그녀에게 생존시 저지른 모든 죄과에 용서를 빌며 남은 생애 저 돌에 새겨 있듯 떳떳한 지아비로 살다가 머지않아 반갑게 만나 함께 영생(永生)할 것을 굳게 다짐하며 돌아섰다.

그런데 산을 내려오다 문득 내가 이제는 제 몸 하나 주체하기 힘에 겨운 나이요, 실정이니 망정이지 가령 한 10년만 더 젊었더라면 이제야 이승에서처럼 속지 않을 아내에게 저렇듯 쾌쾌하게 '떳떳한 지아비 다짐'을 할 수 있었겠느냐?는 생각이 떠올라 자조를 금치 못했다.

학교로 돌아오니 조교가 "그래 데이트 어땠어요?" 하길래 "좀 씁쓸했어!" 하고는 말문을 닫고 말았다.

● 안성 : 필자가 출강한 중앙대학교 문예창작학과가 위치해 있는 지명.

어느 늙은이의 나들이

1. 태평양 상공

한밤중,
태평양 상공이다.

샌프란시스코 딸네 집엘
가는 길이다.

거기에는 마치 내가
돈키호테의 드보소 공주처럼
그리고 기리는 외손녀애가 있다.

70도 중반인 늙은이가
혼자 히죽히죽 하다가
그 애라면 임종 직전에도 눈을 떴던
저승의 지 외할미를 떠올린다.

그리움은 시공(時空)을 넘어 비행하누나!

눈물이 핑 돈다.

2. 샌프란시스코

공항 모습이 20년 전이나
달라진 게 없다.

거리의 차들도 요란을 떨지 않고
길가의 나무들도 수더분해 보인다.

같은 도시인데도 서울서
시골에 온 느낌이다.

딸네 아파트에 들어서니 이웃들이
생판 낯선 이 늙은이를 보고도
"하이" 하고 인사를 한다.

인사성이 무뎌진 이웃하고 살다와선지
나는 그 대응에 쭈뼛쭈뼛 한다.

3. 실족(失足)

시애틀엘 갔다.

모텔에 여장을 풀고 밖에 나가
저녁식사를 하고 돌아오다
건널목 디딤돌에서 실족(失足)을 하여
뒹굴어진 데다 차에까지 스쳐서

구급차에 실려 병원엘 갔다.

골절 수술을 받고 다음날
옮겨 뉘어진 곳은 경로당,
휘장으로 칸막이를 한 약 2백 병상에
전·반신불수의 80·90대 남녀 노인네들,
그들도 각색인종(各色人種)이지만 이를 돌보는
간호사, 간병부는 36개국 출신이라나!
미국이 합중국임을 실감케 한다.

그래서 밤이면 여기저기서
"헬프 미" "다스께데" "쥬밍" 등
저마다의 비명이 엇갈려 들려오는데
그 중에서도 "사람 살려줘요"라는
어느 한국 할머니의 연달은 애소(哀訴)가
통증으로 곤두선 나의 신경과
고막과 가슴을 갈기갈기 찢는다.

4. 다시 태평양 상공

휠체어에 실려 비행기를 탄다.

나의 드보소 공주와는 그 유명한
금문교(金門橋) 산책 한번 못하고
어처구니없는 꼴로 헤어진다.

이번엔 한낮,
태평양 상공이다.

머리에 떠오르는 것은
아쉬움도 그리움도 아니요
스무날 전 그 밤의 사고현장,
기절해서 뻗어 있던 그 장면,
차가 다리를 스치기만 하였기 망정이지
어쩌면 이 비행기에 해골이나
송장으로 실려가고 있을 텐데……

그러나 살았다는 기쁨보다는
일시에 모두가 거덜이 나버린
일상적 삶이 꼬리를 물고 떠올라
나의 머리와 마음을 어지럽게 한다.

깁스한 다리가 시큰거리고
온몸에 번열이 난다.

도쿄통신(東京通信) 3제(三題)

1. 부러움

이들은 체격부터 달라졌다.
40년 전만 해도 아시아 종족 중에서
가장 왜소하던 사람들이
이제는 첫손꼽게 당당해졌다.

두 사람에게 세 사람 몫의
밥상을 차지하게 되었다*는 이들
모두가 제 나름의 자신에 차 있고
표정들도 제법 느긋해 보인다.

하기야 여기도 정치분쟁이 있고
청소년들의 비행이 연달아요,
이들의 마음씀에는 어딘가
단작스러운 구석이 있지만

오직 크게 부러운 것은 모두가
사물을 상대적으로 볼 줄 알아서
가진 사람이나 못 가진 사람이나
앞장선 사람이나 뒤따르는 사람이나

늙은이나 젊은이들이 서로가
제 분수를 지키며 산다는 것이다.

자기 주관(主觀)에 눈들이 멀어
옳고 바른 것은 남에게만 요구하고
자기나 자기네는 무슨 짓도 하고 있는
그런 정황(情況) 속에서 떠나온 나그네에게
이 어찌 큰 부러움이 아니랴!

2. 푸른 잎 공원*에서

하루 한번씩은 숙소 근처에 있는
푸른 잎 공원엘 산책을 나간다.

그리고 서울서 아파트 앞마당에
손주애들에게 끌려서 나가 앉았듯
어린이 놀이터 벤치에 한참씩 쉰다.

그런데 오늘은 황금의 연휴라선가?
공원이나 놀이터가 텅텅 비어 있다.
나는 애들을 앉히고 밀기만 하던
쇠줄 그네에 슬그머니 앉는다.
발을 뒤로 굴러서 하늘로 치솟는다.

그네는 다시 뒤로 당겨졌다가
또다시 하늘로 치솟는다.

그 순간, 이게 웬일인가?
젖빛 하늘에 내가 사주고 온
색 고무풍선에 매달려 둥둥 떠 있는
향나(香那)와 향지(香枝)*

"할아버지."
"할아버지."

나를 부르며 손을 흔든다.

"이제 시(詩), 그만 공부하고 돌아오세요."
"이제 시(詩), 그만 공부하고 돌아오세요."

그 애들은 내가 혼자 있으면
시 공부를 한다고 알고 있다.

그네가 도로 뒤로 밀렸다가
앞으로 다시 올랐건만
이제 그 애들의 모습은 없다.

멈춰진 쇠줄 그네에 앉아 나는
밑도 끝도 없는 시 공부 50년,
아직도 그 시가 뭣인지도 모르는
나의 오늘이 바로 이 꼬라지라 여긴다.

3. 자유의 등불

여기서도 날마다 우리 신문을 읽는다.
어제 조간이 오늘이면 배달된다.
접하는 소식이라야 밝고 기쁘고 자랑스러운 것은 없고, 어둡고 가슴 아프고 답답한 것이지만 고국서보다도 더 샅샅이 새겨가며 읽는다.

오늘 오후도 세미나에서 돌아오자마자 우리 신문을 펼쳐들었는데 글쎄 제1면에는,
학생들이 인촌(仁村) 선생 동상에다 밧줄을 매고 땅에다 구덩이를 파 놓고는 자기네 요구가 관철되지 않으면 동상을 쓰러뜨려 파묻겠다고 으르고 있다는 사진과 기사요,
한편 제15면 사회란 토막소식에는,
30톤짜리 통통선으로 태평양을 표류하다 우리나라에 입항한 월남 난민 78명이 상륙을 거부당하고 공해로 추방되자, 배에 불을 지르고 전원 바다에 뛰어들었는데 요행 우리 경비정에 의해 인명은 구조되었으나 이제 머지않아 그 배가 수리되는 대로 이들 난민을 도로 태워 다시 공해상으로 내쫓을 방침이라는 기사가 실려 있는 게 아닌가!
나는 이 무참하고 처참한 기사를 읽고는
'이제 우리 한국민은 짐승보다도 못해졌구나' 하는 막가는 생각이 왈칵 들며 그 고약한 심정을 가눌 바 없어 여관방과 베란다를 들락날락, 분노와 슬픔과 자탄과 자조에 빠져 반나절을 보냈다.

저녁식사 시간이 되었다. 이 국제적 가난뱅이 숙소*와 그 싸구려 식당은 인종의 전시장으로 노상 피부색이 다른 사람들과 식탁을 함께 해야 한다. 나는 닭튀김 정식에다 맥주까지 한 병 곁들여 가

지고 빈 자리를 찾아서 앉으니 앞에 마주한 친구는 검은 얼굴에 깜장 수염을 단 40대의 깡마른 사내였다. 서로 인사치레로 한두 마디 나누니 그는 공교롭게도 언론인 출신의 월남 난민으로 지금은 고베(神戶)시에서 어떤 학원의 월남어 강사로 일하는데 잠시 도쿄에 다니러 왔다는 것이다.

그는 내가 한국인임을 알자 아주 친근감을 표시하면서 대뜸
"한국은 우리 아시아 자유의 등불입니다"라고 말하며 "훌륭합니다"를 연발한다.

나는 그에게 "일찍이 인도의 시인 타고르도 당신처럼 한국을 아시아의 등불이라고 말한 적이 있다"면서 맥주 한 병을 더 사다 그에게 잔을 권해 건배했다. 그러나 그 자유의 등불의 오늘의 모습은 차마 전하지 못했다.

- 이 시는 필자가 〈일본문화회의(日本文化會議)〉라는 학술단체의 초청으로 일본 도쿄에 머물고 있을 때 쓴 것이다.
- 두 사람에게~차지하게 되었다 : 히로사치야라는 일본 평론가의 표현.
- 푸른 잎 공원 : 도쿄 아오야마(青山)에 있는 청엽공원(青葉公園).
- 향나와 향지 : 필자의 친손녀와 외손녀.
- 국제적 가난뱅이 숙소 : 도쿄 아카사카에 있는 아세아회관이라는 곳.

죽음의 여러 모습

어찌 어찌 여든을 넘겨 사는데
이제는 기동이 부자유스러워
아파트 뜰 앞 어린이 놀이터를
하루 한 바퀴 도는 게 고작이다.

하지만 나의 아버지는 예순 다섯에
중풍으로 전신불수가 되셔 네 해나
골고다의 모자* 이름만 부르다 가셨고

어머니는 내가 필화(筆禍)를 입고 월남하자
가톨릭 신부(神父)인 형이 모시고 있었는데
그마저 공산당에게 납치되어 가고 나자

칠순 노구를 대녀(代女)* 집에 의탁하고 계시다
돌아가셨다는 풍문뿐인데 그 시신(屍身)을
관으로나 모셨는지 무덤이나 지었는지
상상조차 할 바 없으매 더더욱 애절타.

한편 동갑이던 아내는 일흔 다섯까지
살기는 하였는데 만년(晚年)의 두 해는
위암으로 극한의 고통을 겪었으며

아들 맏이는 병명도 불명인 채 쉰에
둘째는 폐결핵으로 서른 여섯에 갔다.

나의 붙이들의 죽음도 저렇듯 다르거늘
남들의 죽음과 그 고통을 어찌 헤아리며
더구나 그 삶의 고난을 어찌 알랴?

'너는 너의 십자가를 지고 나를 따르라.'•

내가 섬기고 기리는 그분이 말씀하듯
우리 각자의 삶과 죽음의 고난이나
고통의 모습은 저마다 다르고 다르다.

- 골고다의 모자(母子) : 골고다는 예수가 십자가에 못박힌 장소로 당시 그 모자가 겪던 심신의 극한적 고통을 상기하면서 옛 가톨릭 신자들이 자신의 고통을 이기기 위하여 '예수 마리아'를 되풀이해 외우던 절규.
- 대녀(代女) : 가톨릭 세례 때에 그 보증인이 되는 여신도를 대모(代母)라고 하고, 당사자를 대녀라고 함.
- 너는 너의 십자가를 지고 나를 따르라 : 성서의 한 구절

어느 피서(避暑)여행

지난 여름 푹푹 찌는 한더위
가족들에게 졸려서 궁리 끝에
지례(知禮) '창작마을'을 찾았다.

안동(安東)서도 동쪽으로 70리,
임하(臨河)댐 수몰을 피해 마을 뒷산인
영지산(靈芝山) 중턱에다 옮겨서 복원한
이조(李朝) 대사간(大司諫)* 댁 집채와 서당,

나는 아름드리 기둥이 버틴 대청
안락의자에 눕다시피 앉아서
산바람과 숲 향기에 함빡 취하여
창작은커녕 먼 산 바라보기로
옹근 이틀 낮을 멍하니 보냈고

손녀애와 그 할미랑은
그 집 막내딸애에게 인도되어
들판과 강가엘 내려가 다니면서
곡식과 들풀의 이름 익히기와
이쁜 돌멩이 줍기로 날을 보냈다.

모두가 아쉬운 마음으로 돌아설 때
손녀애는 그 집 딸애에게
꼽고 갔던 쌍고리가 달린
머리핀을 선물로 주고
그 집 딸애는 손녀애에게
구멍난 조약돌에다 끈을 꿴
제물 목걸이를 선사했다.

네 식구 밥값으로 10만원, 그것도
질색하는 것을 억지로 주고 왔다.
늙은 시인의 호강! 이에서
무엇을 더 바라랴.

● 대사간 : 숙종(肅宗) 때 김방걸(金邦杰).

어느 원자연(原自然)의 삶

아파트 단지 내 어린이 놀이터
미끄럼대 밑동 아래 틈새에
이른 봄부터 민들레 한 포기가
그 줄기를 구부리고 돋아나서
꽃을 피우고 깃털도 갖추더니
씨알들은 새 삶터 찾아 사라졌다.

저 민들레는 하늘도 해도 달도 별도,
아니, 옆 잔디밭의 들풀들도 못 보고
아이들이나 정원사 눈에도 뜨이질 않고
이 가을에도 아직 시들지 않고 남아
신령한 섭리에 순응하며 살고 있다.

나는 오늘 아침 신문서 헌팅턴*의
'테러전쟁 수십 년 계속될 것'
이라는 기사를 읽고 난 뒤라선지
저 '원자연의 삶'이 마냥 부럽고
오늘의 문명이 절망적이기만 하다.

---

* 헌팅턴 : 《문명의 충돌》의 저자로 미국 하버드대 교수.

천국행 공부

아내를 여의고 교회묘지에다
합장(合葬)할 터를 마련해서
무덤을 짓고 비석을 세우는데

거기 규격에 따라 비면(碑面)에다

†

    지아비   구(具)   요한   상(常)
    아   내   서(徐)   데레사 영옥(暎玉)   무덤

이라고 새기고 그 밑에다
나는 생년월일만
아내는 사망년월일까지
적어놓았다.

이래서 이미 묘비마저 세워진
산송장이 된 셈이라

이제는 현세를 잘 살기보다는
천국행 공부를 해야 할 참인데

입시를 앞둔 아둔한 학생모양

마음만 바쁘고 설레지
무엇을 어찌해야 할지
영 종잡을 수가 없다.

오늘도 들창으로 내다뵈는
하늘을 멍하니 바라보며
이름 모를 시름에 잠겨 있다.

저승의 문턱에서

나이도 80세 중반이나 되었고
젊어서 폐 수술을 두 번이나 하여
호흡기능의 퇴화로 문밖엘 못 나가고
집 안에서도 산소호흡기를 코에 꽂은 채
겨우 나날을 버티며 지내고 있다.

나 스스로가 의아한 이 장수(長壽)를
그저 신령한 섭리로 감수하며 살지만
오직 가정이나 주변에 더 이상 고통을
주지 않고 데려가시기만 빈다.

하지만 이제 막상 저승의 문턱에서
자신의 지나온 삶을 돌이켜보면
외면은 멀쩡하고 번듯까지 하지만
내면은 흉악하고 망측하기 그지없어
아무리 무한량한 자비에 맡겼다지만
그 주님 앞에 나아가기가 진정 두렵고
부모님부터도 뵈올 낯이 없고, 먼저 간
아내나 두 아들도 만날 면목이 없으며
저승의 인연들도 상면하기가 부끄럽다.

저러한 나의 죄과(罪過)의 참회와 함께
오늘의 우리 겨레나 나라, 또 인류세계의
이 도덕적 마비상태와 비극적 상황이
주님의 권능과 자비로 구원 구출되기를
숨지는 그 순간까지 축원하며 가리라.

3

출애굽기 별장

수난(受難)의 장(章)

우 몰려온다. 돌팔매가 날아온다.
머슴애들은 수수깡에 쇠똥을 꿰매 달고
어른들은 곡괭이를 휘저으며 마구 쫓아오는데
돌아서서 눈물을 찔끔 흘리고
선지피 쏟아지는 이마를 감싸쥐고서
어머니 얼굴도 떠오르지 않는데
나는 이제 어디메로 달려야 하는가.

쫓기다가 쫓기다가 숨었다.
상여도가(喪輿都家)집으로 숨었다.
애비 욕, 에미 망신 고래고래 터뜨리며
벌떼처럼 에워싸고 빙빙 돌아가는데
나는 얼른 상여 뚜껑을 열어제치고
벌떡 드러누워 숨을 꼭 죽였다.

피를 토한 듯 후련해지는 가슴이여
술 취한 듯 흥그러워지는 마음이여
사람도 도깨비도 얼씬 못하는 상여 속에서
나는 어느새 달디단 꿈 한 자리를 엮고 있었다.

상여 속에 송장처럼 잠들은

사나이 얼굴은 십상 달같이 흴 게다.
어쩌면 상달같이 깜찍한 여인이 별 같은 두 눈을 반짝이며
내 상처에 향기로운 기름을 바르고 있을 풍경
나의 달가운 꿈속의 꿈이여.

추억의 연못가엔 사랑의 연꽃도 한 송이 피었으리.
다홍신은 벗어 놓고 외로움에
장승처럼 못 박혀 있는
또 나의 사랑.

꽃수레처럼 화려한 상여를 타고
림보*로 향하는 길 위엔
곡성마저 즐겁구나
소복한 나의 여인아
사흘만 참으라.

---

* 림보 : 예수가 죽어서 부활하기 전 가 있었다는 선령(善靈)이 머물던 곳. 일명 고성소(古聖所).

예언(豫言)

　퇴색한 기억의 암체어에 나는 기대 있었다. 탁자를 건너 새우처럼 늙어 꼬부라진 토이기(土耳其) 병정은 파이프에 불을 붙이며 말을 계속하였다.
　"승리는 이번에도 거북이지."
　"글쎄."
　"토끼의 패배일세."
　"글쎄."
　나의 모호한 응답에 그는 붉은 얼굴을 더욱 붉혀 노기를 띠고
　"단연 거북이의 승리야. 못 믿거들랑 나와 같이 심판장으로 가보세."
　하고 호령하는 것이었다.
　우리가 두루마기를 걸치고 문 밖을 나섰을 때는 벌써 거리에서 승전고(勝戰鼓)가 울려왔다.

여명도(黎明圖) 1

동이 트는 하늘에
까마귀 날아

밤과 새벽이 갈릴 무렵이면
카스바*마냥 수상한 이 거리는
기인 그림자 배회하는 무서운
골목…….

이윽고
북이 울자
원한에 이끼 낀 성문이 뻐개지고
구렁이 잔등같이 독이 서린 한길 위를
횃불을 든 시빌*이
깨어라!
외치며 백마(白馬)를 달려.

말굽소리
말굽소리

창칼 부닥치어
살기(殺氣)를 띠고

백성들의 아우성
또한 처연(凄然)한데

떠오는 태양 함께
피 토하고
죽어가는 사나이의 미소가
고웁다.

● 카스바 : 북아프리카 알제시에 있는 암흑가. 프랑스 영화 〈망향(望鄕, Pépé le Moko)〉의 무대가 됨.
● 시빌 : 그리스어로 선지자(先知者).

여명도(黎明圖) 2

하늘이 찢어질 듯
쇠북소리 울면

안개 피인 벌판으로
베폭처럼 뻗치는 여민(黎民)의 행렬.

아직도 하늘엔 또 하나
수상한 장막이 드리워 있어

소름도 채 가시지 않은
아우성 뒤덮였는데…….

이윽고
피 묻은 언덕 위에서
일식(日蝕)의 자포(紫袍) 벗은 대제관(大祭官)

'모름지기 우리는 새로운 반죽이
되기 위하여 묵은 누룩을 버릴지라'
포효(咆哮)하면

백성들의 흐느낌은

찬가(讚歌) 되어 흐르고

높이 쳐든 멍든 손에
깃발 깃발이

꽃처럼 피어나다
꽃처럼 만발하다.

출애급기 별장(出埃及記 別章)

각설(却說), 이때에 저들도
황금의 송아지를 만들어 섬겼다.

믿음이나 진실, 사랑과 같은
인간살이의 막중한 필수품들은
낡은 지팡이나 헌신짝처럼 버려지고
서로 다투어 사람의 탈만 쓴
짐승들이 되어 갔다.

세상은 아론*의 무리들이 판을 치고
이에 노예근성이 꼬리를 쳤다.

그 속에도 시나이산에서 내려올
모세를 믿고 기다리는 사람들이
외롭지만 있었다.

자유의 젖과 꿀이 흐르는
가나안!
후유, 멀고 험하기도 하다.

● 아론 : 구약성서 〈출애급기〉에 나오는 인물로 황금 송아지 우상을 만드는 데 앞장을 섬.

자수(自首)

그 어린애를 치어 죽인 운전수도
바로 저구요,

그 여인을 교살(絞殺)한 하수인(下手人)도
바로 저구요,

그 은행 강도 도주범(逃走犯)도
바로 저구요,

〈2행 생략〉

실은 지금까지 미궁에 빠진 사건이란
사건의 정범(正犯)이야말로
바로 저올시다.

범행동기요, 글쎄?
가난과 무지(無知)와 역사(歷史)의 악순환(惡循環),
아니, 저의 안을 흐르는 카인의 피가
저런 죄를 저질렀다고나 할까요?
저런 악을 빚었다고나 할까요?

이제 기꺼이 포승을 받으며
고요히 교수대(絞首臺)에 오르렵니다.

최후에 할 말이 없느냐구요?
솔직히 말하면 죽는 이 순간에도
저는 최소한 4천만과 공범(共犯)이라는
이 느낌을 버리지 못해
안타까운 것입니다.

진범(眞犯)

날로 범죄는 늘고
흉악해 가는데
진범엔 손을 못 댄다.

여기 시체가 있다.
여기 흉기가 있다.
여기 목격자가 있다.
그리고 온몸을 떨며 범행을 시인하는
자백(自白)이 있다.

그러나 저들을 조종하는 진범은
따로 있다.
그 앞에선 모두가 무릎을 꿇고
형사랑은 쪽도 못쓴다.

저 춤추는 황금 송아지!

그 번쩍대는 몸뚱아리에
새 십계판(十誡版)을 던질
의인(義人)은 없는가?

내가 모세의 선지(先知)와 진노(震怒)를 빌려서

내가 모세의 선지와 진노를 빌려서 말하노니
너희가 사람다운 삶을 되찾으려면
너희가 지금 우러러 섬기고 있는 황금 송아지*를
먼저 몰아내야 한다.

너희가 너희 식탁에서 유해식품을 사라지게 하려면
너희는 먼저 그 황금 송아지를 몰아내야 하고
너희가 너희 고장에서 매연을 없애려면
너희는 먼저 그 황금 송아지를 몰아내야 하고
너희가 너희 집안에서 단란을 누리려면
너희는 먼저 그 황금 송아지를 몰아내야 하고
너희가 너희 형제나 이웃과 화목을 이루려면
너희는 먼저 그 황금 송아지를 몰아내야 하고
너희가 너희 어린것들을 역사(轢死)에서 구해내려면
너희는 먼저 그 황금 송아지를 몰아내야 하고
너희가 너희 지아비와 아내의 정조를 지키려면
너희는 먼저 그 황금 송아지를 몰아내야 하고
너희가 백주에 살인강도를 만나지 않으려면
너희는 먼저 그 황금 송아지를 몰아내야 하고
너희가 뭍에서 바다에서 떼죽음을 면하려면
너희는 먼저 그 황금 송아지를 몰아내야 하고

너희가 학원(學園)에서 불변의 진리를 가르치고 배우려면
너희는 먼저 그 황금 송아지를 몰아내야 하고
너희가 병원에서 인술(仁術)로 병을 고치려면
너희는 먼저 그 황금 송아지를 몰아내야 하고
너희가 법(法)의 공정한 보호를 받으려면
너희는 먼저 그 황금 송아지를 몰아내야 하고
너희가 가진 자와 못 가진 자의 간격을 메우려면
너희는 먼저 그 황금 송아지를 몰아내야 하고
너희가 서로 비정(非情)과 소외(疎外) 속에서 벗어나려면
너희는 먼저 그 황금 송아지를 몰아내야 하고
너희가 저 6·25의 참화를 다시 겪지 않으려면
너희는 먼저 그 황금 송아지를 몰아내야 하고
그리고 너희가 영원이나 믿음이나 사랑과 같은
보이지 않는 힘과 삶의 보람들을 되받들어
마음의 평정(平定) 속에서 꿈과 일을 일치시키려면
너희는 먼저 그 황금 송아지를 몰아내야 한다.

내가 모세의 선지와 진노를 빌려서 말하노니
너희가 밝고 떳떳한 삶을 이룩하려면
너희가 지금 우러러 섬기고 있는 황금 송아지를
먼저 몰아내야 한다.

● 황금 송아지 : 구약에 이스라엘 백성들이 만들었던 우상으로서 이 시에서는 오늘날의
 황금 만능주의를 가리킴.

상황(狀況)

1. 《돈키호테》에서

 나는 지금 그대들 때문에 끓어오르는 분노와 역정을 억누르고 비끄러매느라고 무진 애를 쓰고 있다. 만약 그대들의 비난이 참말로 충정에서 우러난 것이라면 먼저 나의 권위와 그 존엄 앞에 두 무릎을 꿇어야 할 것이다. 도대체 그대들이 원하는 것은 무엇인가? 행복한 삶, 이것에 포함되지 않는 또 무엇이 있단 말인가? 바로 나는 그것을 위하여 불철주야 초인적 헌신을 하고 있지 않은가? 더욱이 내가 언제 도리나 사리에 어긋난 짓을 하였기에 그대들은 나를 땅땅 어르고 달려드는가? 그리고 나 보고 집으로 돌아가라니 그것을 말이라고 하는가? 한번 칼을 뽑았다가 끝장을 보지 않고 도로 꽂는 것은 기사도(騎士道)가 아니다. 그대 책상물림들이 골백번 아우성을 친다 한들 내가 눈썹 하나 까딱 할 줄 아는가? 나는 이미 기사(騎士)로서 일생을 끝마치기로 결심한 사람이다. 오직 나는 그대들을 포함한 모든 사람들의 행복한 삶을 위하여 티끌만큼의 사념(邪念)도 없이 내 목숨 다하는 그날까지 역사의 한 길을 전진할 뿐이다.

2. 《햄릿》에서

 이제 나에게는 죽느냐? 사느냐? 하는 판가름이 남았을 따름이다. 가혹한 이 운명의 화살을 맞고도 참아 견디며 살아남을 것인가? 아니면 죽어서 이 삶의 쓰라림과 괴로움에서 벗어날 것인가? 그러나 살아서 참고 견디자니 이 뒤틀린 세상, 눈꼴신 자칭 기사 (騎士)들의 오만과 횡포, 그 학대와 멸시를 이 이상 더 어떻게 감수한단 말인가? 더욱이나 참지 못할 것은 '사슴인 줄 알면서도 말이라고' 발라맞추는 무리들의 소행과 내가 그렇듯 코에 걸어온 민중 자체로부터의 배반으로서 이것들은 나를 절망의 수렁으로 몰아넣는다. 이런 지경에서야 오히려 삶이 죽음보다 낫다고 할 수 있겠는가? 그러나 한편 죽어서 모든 것을 끝내자니 그 죽음이 내 뜻대로 안식을 갖다 줄는지가 의문이 아닐 수 없다. 한번 가면 되돌이킬 수 없는 세계, 그곳이 모두가 염원하는 극락일는지 공포의 지옥일는지 아무리 상상의 날개를 펼쳐 봐도 헤아릴 수 없기에 나는 망설이지 않을 수가 없다. 이래서 나의 충천하는 의욕과 의기는 그 결단의 힘을 잃고 마는 것이다. 이것은 나의 어리석음에서가 아니라 나의 현명함이 나를 이 꼴로 만들고 있으니 이 또한 어인 까닭일까? 어여쁜 오필리아여! 이 영원한 방황을 용서해다오.

3. 《파우스트》에서

여러분 나를 정녕 기쁘게 하는 것이 무엇인지 아십니까? 누구나 듣고자 하지 않는 것을 나는 노래하고 말하는 것이랍니다…….

실어증(失語症)

그 정신병동(精神病棟) 진찰실
응접탁(應接卓)에는

공동묘지를 덮은 갈가마귀 떼처럼
활자마다가 우짖는
신문이 놓여 있고

박제가 된 독수리 한 마리가
흰 벽에 걸려
이를 노려보고 있었다.

환자는 실어증에 걸린 시인(詩人)이었다.
―무슨 말이든지 해 보시지요.
의사가 재촉했다.
―아아 아바아.
―뭐라고, 아빠? 아파?
―아아 아바아.
―가봐? 나봐? 그러면 나빠?
환자는 고개를 끄떡였다.
―누가 나빠? 어디가 나빠?
―애애애 가아, 아아아 바아.

―내가? 나빠? 음, 자신이 나빠?
환자는 바른 주먹으로 자기 가슴을 쳤다.
―왜? 어째서?
―애애애가아, 아아바아.
환자는 그 소리만 되풀이했다.

수치(羞恥)

동물원
철책과 철망 속을 기웃거리며
부끄러움을 아는
동물을 찾고 있다.

여보, 원정(園丁)!
행여나 원숭이의
그 빨간 엉덩짝에
무슨 조짐이라도 없소?

혹시는 곰의 연신 핥는
발바닥에나
물개의 수염에나
아니면 잉꼬 암놈 부리에나
무슨 징후라도 없소?

이 도성(都城) 시민에게선
이미 퇴화된
부끄러움을
동물원에 와서 찾고 있다.

산 이야기

산
산이 있다.

이 산은 눈을 들면 뵈는 산
저 산은 눈을 감아도 뵈는 산
이 산은 낮에나 나타나는 산
저 산은 밤에도 찾아오는 산

산 하나는 일본 도쿄(東京) 교외 기요세(淸瀨村)*
가슴 수술을 한 내 병창(病窓)가에
언제나 말쑥이 단장을 하고
살짝 얼굴을 내미는 산*

산 하나는 서울 서대문 현저동 101번지*
붉은 벽돌담 위에 얹혀서
살이 드러난 옷을 걸치고
물끄러미 나를 내려다보던 산

내 안에 쌍(雙)금이 간 맞거울같이
서로 어른대고 있는 산

산
산이 있다.

- 기요세 : 결핵 요양소가 14개소나 있는 일본 도쿄의 교외촌.
- 살짝~산 : 일본 후지산.
- 현저동 101번지 : 서대문 형무소의 주소.

월남기행(越南紀行)

나는 어디서 날아온지 모르는
메시지 한 장을 풀려고
무진 애만 쓰다 돌아왔다.

꾸몽 고개 야자수 그늘에서
봉다워 바닷가에서
아니 사이공의 아오자이 낭자와
마주 앉아서도
오직 그것만을 풀려고
애를 태다 돌아왔다.

아마 그것은 베트콩이 뿌린
전단(傳單)인지 모른다.

아마 그것은 나트랑 고아원서 만난
월남 소년의 장난인지 모른다.

아마 그것은 어느 특무기관이
나의 사상을 시험하기 위한
조작인지 모른다.

아마 그것은 로마 교황의
평화를 호소하는
포스터인지 모른다.

아니 그것은 우리의 어느 용사가
남겨 놓고 간 유서인지도 모른다.

마치 그것은
흐르는 눈물 모양을 하고 있었다.

마치 그것은
고랑쇠 같은 모양을 하고 있었다.

마치 그것은
포탄으로 뻥 뚫린
구멍 모양을 하고 있었다.

마치 그것은
사지(四肢)를 잃은
해골 모양을 하고 있었다.

아니 그것은
눈감지 못한
원혼(寃魂)의 모습을 하고 있었다.

그런데 그것은

월남이야기인 것도 같고

그런데 그것은
나 개인의 문제인 것도 같고

그런데 그것은
우리 민족과 관련된 것도 같고

아니 그것은 보다 더
인류와 세계를 향한
강렬한 암시 같기도 하였다.

내가 그것으로 말미암아
오직 느낀 것이 있다면
나란 인간이
아니 인류가
아직도 깜깜하다는 것뿐이다.

나는 그 메시지를
풀다 풀다 못하여
이제 고국에 돌아와서까지
이렇듯 광고한다.

백지 위에
선혈(鮮血)로 그려진
의문부

'?'
그게 무엇이겠느냐?

• 이 시는 내가 1967년 11월 월남을 시찰하고 돌아와서 쓴 유일의 작품으로, 당시는 자유월남정부군에게 전세가 유리하고 더구나 파월 국군은 승승장구하던 때였지만······.

가고파

젊은 친구에게 재벌 끌려간 어느 술집에서
아오자이의 월남 아가씨가
〈가고파〉를 영절스레 불렀다.

누가 그런 애절스런 노래를
가르쳐 주더냐니까
자기를 저버린 한국 사내에게서
배웠노란다.

나는 실향민 신세 40년이랬더니
하지만 한 한국 속에 살지 않느냐면서
자기는 고국땅 어느 한 귀퉁이라도
다시 한 번만 밟으면
그 채로 죽은들 한이 없겠단다.

위로할 말은 없고 해서
한 잔 따르고 한 잔 받아 부딪쳐 마신 뒤
이번엔 〈가고파〉 2절을 셋이 합창했는데
그녀의 눈에는 이슬이 반짝였다.

송악(松嶽) OP에서

9월 하늘에 뭉게구름이
무심히 북으로 흘러간다.

관망대 사판(砂板)에는
휴전선 철조망 이쪽, 저쪽에
전투의 요새들이 산재하건만

내 시계(視界)에 들어오는 것은
그저 푸른 들과 숲과 산이 잇닿아 있고
유화(油畵)처럼 단장한 마을들과
정자(亭子)처럼 오똑한 초소들이
태평스럽기만 한 풍정(風情)인데

비무장지대(非武裝地帶)라고 가리키는 곳에
증기차(蒸氣車)의 화통(火筒) 하나가
우리의 녹슨 사념(思念)의 퇴적인 듯
남북의 레일이 끊긴 그 날
그 모습, 그 채로 멈춰 있었다.

사각(死角)에서

애새끼들이 땅재먹기에
금을 긋고 아옹다옹 다투듯
판문점엔 오늘도
탁자 위에 줄을 쳐놓고
제175차 정전위(停戰委)가 열렸다.

내일이면 휴전 10주년이라나!
기승한 북괴(北傀) 대표는
'모두가 당신들 책임'이라고
핏대를 올리고 있다.

—오뉴월 얼어죽을 것들
  이게 다 무슨 명절인 줄 아는가?

외국 관광객들이 웅성대는 속을 누비며
양측 기자들은
'자유고(自由苦)'와 '생활고(生活苦)'의 입만 닳는
말씨름을 벌인다.

—장군 멍군 서로 수가 빤해!

이 세기(世紀)의 가설무대(假設舞臺) 언저리
어느 벤치에 홀로 앉아
희망도 절망도 못하고 있는 나,

―이 사각(死角)엔 조국(祖國)이 없다.

하늘엔 장마구름이 무심히도
북(北)으로 흘러가고

그 어느 때 한라에서 압록강까지
우리 붉은 피로 틔웠던 길은
'돌아오지 않는 다리' 너머로
아직 베폭같이 뚫려 있다.

진혼곡(鎭魂曲)
—4·19 마산 희생자를 위하여

손에 잡힐 듯한 봄 하늘에
무심히 흘러가는 구름이듯이
피 묻은 사연일랑 아랑곳 말고
형제들 넋이여 평안히 가오.

광풍(狂風)이 휘몰아치는 쑥대밭 위에
가슴마다 일렁이는 역정(逆情)의 파도
형제들이 틔워놓은 외가닥길에
오늘도 자유의 상렬(喪列)이 꼬리를 물었소.

형제들이 뿌리고 간 목숨의 꽃씨야
우리가 기어이 가꾸어 피우고야 말리니
운명보다도 짙은 그 소망마저 버리고
어서 영원한 안식의 나래를 펴오.

대행사(大行寺)에서

어허 늬들 예서
유명(幽明)으로 만나는가.

―열두 해나 되지.

동해 어느 군막(軍幕)에서
새떼들 마냥 할딱이며
지저귀는 늬들에게서
스스로가 운명을 결단한 자의
드맑은 모습을
뜨거운 눈시울로 목격하였거니.

때는 아군(我軍)의 패세(敗勢)로
색색(色色)의 풍설이 떠도는 속에
늬들의 출진(出陳)은
UN에서 일본군(日本軍) 투입호(投入乎)!
유별난 화제(話題)를 던지기도 하며……

그러나 무운(武運)은 연이어
순탄치 않아
군번 없는 무등병(無等兵)으로

싸운다더니.

어허 늬들 예서
유명(幽明)으로 만나는가.

이국(異國) 산사(山寺)
조으는 적막(寂寞) 속,
130주 위패 앞에 서서
이렇듯 목메는 것은

늬들의 충혼(忠魂)을 곡(哭)하는 건가?
나의 회귀에 든 인생의
여수(旅愁)를 애무뼈하는 건가?

어허, 늬들이나 나나
실상 이제 아무러면 어쩐가!

● 일본 도쿄 교외 대행사에 모셔진 재일학도의용군 위패 앞에서 그 영령들을 추도하여 썼다.

어느 회상(回想)

그것은 신기로운 풍경도 아니었네.

채마밭에 거미처럼 여위고 찌들은
중국 사내가
제 나라 승전 소식도 모르는 듯
인분(人糞)을 퍼다 거름을 내고 있었고

묘포(苗圃)에는 꽃무늬의 해사한 몸뻬를 걸친
일본 아낙네가
제 나라 패망 소식도 잊은 듯
김을 매고 있었는데

그것이 바로 정체도 모를 우리의 해방,
이튿날 8월 16일,
내가 흥분에 들떠
맨발로 태극기 행렬을 따라
실향(失鄕), 원산 시가를 누비다가
북녘 들판에서 목도한 실경(實景).

30년이 되는 오늘날,
나의 뇌리 속에

점점 더 선명해 오고
확대되어 간단 말일세.

억 수

아파트 이웃 홀늙은이가
강가 개펄에다
간 봄내 공을 들여
뙈기밭을 갈았다.

나도 날마다의 산책길에
그 밭에 걸음을 멈추고
푸성귀들이 자라는 모습을
들여다보기도 하고
영감님과 함께 대견해하기도 했다.

올따라 이른 여름 가뭄이 심해
영감님은 목욕도 끊고서
수돗물을 퍼나르더니
바로 6·25기념일에
비가 억수로 쏟아졌다.

나는 그 날도 우장을 하고
무심히 강둑을 거니는데
강물은 삽시에 불어나서
뙈기밭은 흔적도 없이 사라지고

겨울 오버를 걸친 영감님이
이를 멀거니 바라보고 섰다가
"하느님 처사도 때로는 공산당 같으셔!"
하고 중얼거렸다.

변성(變聲)

십자매에게다 알을 깨운
금화조 새끼가
청은 제 것인데
창(唱)은 양(養)어버시를 닮았다.

우리 남북 형제들도
서로 다른 주의(主義)에 길리워져
저처럼 창이 달라져서
화응(和應)이 안 된다.

남은 남대로
북은 북대로
제 창을 되찾고
새로 가다듬어서
7천만 겨레의
합창을 이루자.

생활소경(生活小景)

앞집 북슬강아지는
우체부 아저씨만 오면
반겨서 쫓아나가 매어달리고

달포만에야 만나는 수도료,
전기료 수금원을 보아도
꼬리를 젓고 나서고

야경원, 세무서 직원을 보고도
낯익은 얼굴을 하는데

그 집 주인 아줌마는
우체부에게도
괜히 쫑알거리고

수도료, 전기요금을
받으러 와도
트집을 잡으려 들고

야경원이나
세무서 직원이 오면

마치 적수(敵手)나 대하듯
시비를 건다.

제일 난처할 때는
외래품(外來品) 장수라든가
무꾸리쟁이라든가
계꾼이라든지가
나타날 양이면

아줌마는 반색을 하고
강아지는 길길이
짖어대고……

이래서 주인 아줌마는
북슬이를 '여자 싫어하는'
멍청이라 부른다.

그래도 어느 날
아줌마가 영감 몰래
댄스를 나가 집을 비운 날

북슬이는 낮도둑을 잡아
칭찬이 온 동네에 자자하다.

오늘도 앞집에는
불미스런 손이 왔는지

북슬강아지는 왕왕 짖고
주인 아줌마는
노란 목소리를 낸다.

아침 체조

아침 일곱 시면
어린이 놀이터에서
'신세계' 체조의 시작이다.

하나, 둘, 셋, 넷……

아파트 창문을 열어제치고
울려퍼지는 음악과 구령에
우리 노부부(老夫婦)도 맞춰 나간다.

다섯, 여섯, 일곱, 여덟……

심신(心身) 안 구석에 배어있던 잠이 줄행랑을 치고
삶이 손아귀와 가슴에 뿌듯해 오며
오늘이 뜨거운 새 피로 용솟음친다.

둘, 둘, 셋, 넷……

날마다 보지만 구령대 위의 여교사는
강에 휘노는 은어(銀魚)처럼 날렵하고
그 앞에 늘어선 아이들이나

뒷줄의 단골 어른들도
신록이 뻗는 가지처럼 유연하며
가다가 한둘 섞이는 신참들의
서투른 동작도 그대로 흥그럽다.

다섯, 여섯, 일곱, 여덟······

은총의 햇발로 얼굴을 빛내며
돌아서는 저들이
이제 서슴없이 맞는 하루가
반기며 다가선다.

● 한국일보 〈가정의 달에 보내는 생활의 시〉

어느 꽃숲

우리 아파트 앞채에서는
온 세대가 뒤쪽 복도 난간 위에다
각색 화분과 화반을 얹어 놓아서
12층이나 되는 집채가 꽃으로 만발이다.

봄에서 여름, 이내 이 가을까지
나는 꽃으로 덮인 그 앞채를 바라보며
때마다 도원경(桃源境)에 든 황홀을 맛본다.

꽃으로 환해져서일까?
그 꽃숲을 드나드는 사람들도
모두 밝고 싱싱한 모습들이다.

이웃에게, 아니 자기에게도
아무런 갚음도 바라지 않아
꽃처럼 무심하여 더욱 아름다운
그 앞채 사람들 마음씨에 화응(和應)하여

나도 역시 뒤쪽 복도 난간 위에다
몇 개 화분을 얹어 놓고 가꾼다.

마치 벌과 꽃이 호혜(互惠) 속에 살 듯

누구만의 탓도 아니다.
누구만의 잘못도 아니다.

3천8백만 모두가 공범이다.

서로에게 반대되는 주장이나
서로가 미워하는 행동 속에는

실은 서로의 삶을 지탱하고 성취하기에
불가결(不可缺)의 요소가 깃들어 있다.

서로가 서로를 부정만 하여
서로의 멸망을 자초하지 말자.

마치 벌과 꽃이 호혜 속에 살 듯
사랑으로 서로의 결핍을 채워서
삶의 평화스러운 운행(運行)에 나아가자.

펜의 명(銘) 1

한 방울의 이슬이 지각(地殼)을 뚫어
샘으로 솟는
그 청렬(淸冽)한 정열로
펜을 들자.

밀림에다 불을 붙이고
원야(原野)를 갈아 새 밭을 일구는
그 푸른 꿈으로
펜을 들자.

천척(千尺) 탄갱(炭坑) 속을 뚫어 나가는
광부의 비지땀으로
펜을 들자.

심장수술에 임한 외과의(外科醫) 메스의
그 과학성(科學性)과 조심스러움으로
펜을 들자.

태산(泰山) 마루 백설같이 빛나는 이성(理性)으로
격전장(激戰場) 전초(前哨) 수색대의 기민(機敏)으로
쇠굴레를 입으로 끊는 노예의

선택과 결단으로
시지프스의 좌절과 절망을 씹어가며

짓밟힌 어린 잡초에도 눈물짓는
사랑을 안고
백결(百結)의 가난한 회심(會心) 속에서
펜을 들자.

● 경향신문 창간 28주년 축시임.

신이여! 이 시각
―체코 비극에 부치는 시

신이여! 이 시각,
저 조기(弔旗)가 걸린 프라하 거리
소련 탱크 위에 뛰어올라가
체코의 국기를 흔드는 청년들과
시장 앞의 빈 장바구니를 들고
울고 섰는 저 부녀자들과
일제히 일손을 멈춘 노동자들과
그들 격노(激怒)의 함성이
온 누리에 각각(刻刻)으로 메아리칠 때
당신은 무엇을 하고 계시며
나는 무엇을 하리이까?

신이여! 이 시각,
인류의 예지(叡智)와 이성(理性)은 눈멀어 가고
세계는 다시 암흑의 밤을 장만하며
약육강식의 폭력이 정의(正義)를 누르고
이념(理念)의 가면(假面)이 자유를 유린할 제
당신은 무엇을 하고 계시며
나는 무엇을 하리이까?

신이여! 이 시각,

저들의 불행과 우리의 불행을
구호(口號)의 절규만으로 일삼으며
유화(宥和)와 굴종(屈從)과 인내만으로
믿음과 꿈만을 입담으리까?

신이여! 이 시각,
당신은 무엇을 하고 계시며
나는 무엇을 하리이까?

진실로 제 나라 제 겨레를
―우국무장책(憂國無長策)

여보게?
때로는 국제정세가 어수선하다고
하루아침에 나라가 망하기나 하듯
호들갑을 떨지 말게
범에게 물려가면서라도
제 정신만 차리면 살 길이 나진댔지

누가 우리 국토를 떠매갈 리야 없고
우리 겨레가 결코 절손(絕孫)도 안 될 터이니
자주독립 정신만 꿋꿋이 지니고
스스로의 힘을 길러 나가노라면
어떠한 국난(國難)도 마침내 이겨낼 걸세

여보게!
때로는 세상살이가 어지럽다고
오늘로 삶을 걷어나 치울 듯
호들갑을 떨지 말게

의인(義人) 열만 있으면
소돔과 고모라도 멸하지 않는댔지
썩고 곪으면 터지게 마련이요

새 살이 다시 나는 게 자연이치니
서로가 제 소임에 충실하면서
서로가 제 허물을 고쳐 나가노라면
어떠한 악순환도 마침내 끝장이 날 걸세

여보게!
진실로 제 나라 제 겨레를
근심하고 사랑하는 이가
세상을 개탄하고 남만을 탓하며
뒷짐지고 섰겠는가

우리 너나 없이 안으로는
혼란을 초월해서 의무를 지키고
거짓을 물리쳐서 명예를 받들며

우리 너나 없이 밖으로는
인류미래에 티없는 희망을 안고
민주사회의 승리를 외곬수로 믿어
과감하고 또 조용하게
민족의 중흥을 이룩하여 보세나.

조국아! 늬는

늬는 아마도
몹쓸 나의 애물이지.
이다지나 쉴새없이
속을 썩이게.

늬는 어쩌면
꿈속에서나 이루울 모습인가.
깨어 보면 이렇듯
낯설고 서어하니.

늬는 차라리
내 가슴에 못 박힌 한,
언제나 그 자리는 피맺혀
아리고 저리니 말야.

그래도 늬는
내 목숨의 불씨야.
꺼지지 않고 언제나
타오르는 걸 보면…….

어느 까치들의 울음

서울시청 옥상,
철망 속의 까치들은
먼저 눈이 짓물러갔다.
공중에 자욱한 배기(排氣)가스 탓도 있지만
자신들의 오늘이 하도 기막혀
마냥 눈물을 흘려서다.

제때마다 뿌려주는 모이를 쪼으면서도 눈물이 나고
양푼의 물로 목을 축이면서도 눈물이 나고
광장까지 날아 오르내리는 비둘기 떼를 보아도 눈물이 나고
인왕산 봉우리나 덕수궁 숲을 바라보아도 눈물이 나고
꼬리를 물고 다니는 자동차의 행렬을 보아도 눈물이 나고
거리를 오고가는 사람들의 물결을 보아도 눈물이 나고
이따금 위세를 떨치며 나타나는 나리를 보아도 눈물이 나고
저녁때 인조 둥지 속에 웅크리고 들어앉아도 눈물이 나고
밤하늘의 별을 쳐다보아도 눈물이 나고
추억에 잠겨도 눈물이 나고
미래를 떠올려도 눈물이 나고
더구나 이 우리 속에서 낳아 자라고 있는 새끼들을 보면
눈물이 쏟아지고

서울시청 옥상,
철망 속의 까치들은
먼저 눈이 짓물러갔다.

드레퓌스의 벤치*에서
— 도형수(徒刑囚) 쟝*의 독백

빠삐용! 이제 밤바다는 설레는 어둠뿐이지만 코코야자 자루에 실려 멀어져 간 자네 모습이야 내가 죽어 저승에 간들 어찌 잊혀질 건가!

빠삐용! 내가 자네와 함께 떠나지 않은 것은 그까짓 간수들에게 발각되어 치도곤을 당한다거나, 상어나 돌고래들에게 먹혀 바다귀신이 된다거나, 아니면 아홉번째인 자네의 탈주가 또 실패하여 함께 되옮혀 올 것을 겁내고 무서워해서가 결코 아닐세.

빠삐용! 내가 자네를 떠나보내기 전에 이 말만은 차마 못했네만 가령 우리가 함께 무사히 대륙에 닿아 자네가 그리 그리던 자유를 주고, 반가이 맞아 주는 복지(福地)가 있다손, 나는 우리에게 새 삶이 없다는 것을 알게 되었단 말일세. 이 세상은 어디를 가나 감옥이고 모든 인간은 너나 없이 도형수(徒刑囚)임을 나는 깨달았단 말일세.

이 '죽음의 섬'을 지키는 간수의 사나운 눈초리를 받으며 우리 큰 감방의 형편없이 위험한 건달패들과 어울리면서 나의 소임인 200마리의 돼지를 기르고 사는 것이 딴 세상 생활보다 좋지도 나쁘지도 않다는 것을 터득했단 말일세.

빠삐용! 그래서 자네가 찾아서 떠나는 자유도 나에게는 속박으로 보이는 걸세. 이 세상에는 보이거나 보이지 않거나 창살과 쇠사슬이 없는 땅은 없고, 오직 좁으나 넓으나 그 우리 속을 자신의 삶의 영토(領土)로 삼고 여러 모양의 밧줄을 자신의 연모로 변질(變質)시킬 자유만이 있단 말일세.

빠삐용! 그것을 알고 난 나는 자네마저 홀로 보내고 이렇듯 외로운 걸세.

- 드레퓌스의 벤치 : 앙리 샤리에르의 탈옥수기 《빠삐용》에 나오는 '죽음의 섬' 벼랑에 있는 벤치. 유대 출신의 프랑스 대위로 반역죄로 몰려 이 섬에 유형되었다가 12년만에 복권된 드레퓌스의 이름을 딴 것임.
- 도형수 장 : 주인공 빠삐용의 탈출을 돕고도 '죽음의 섬'에 그대로 남는 중국계 도형수 이름.

고목(枯木)

푸른 불꽃이 튀는 신록(新綠) 속에
나, 한 그루 마른나무로 살고 있다.

스스로가 제 몸에 물을 빨아올리며
싱그러움을 뿜어대던 젊은 날보다
지금 오히려 이 신비로운 조화(造化) 속의
아름다움을 깊이 맛보고 있고

거리에서 서로 으르렁대는 소리와
피 묻은 외침과 아우성이 들려와도
나는 이제 역정(逆情)에 휘말리지 않는다.

이는 내가 그들의 괴로움과 쓰라림에
결코 무심하거나 외면해서가 아니라
모두가 서로 자기에게 사로잡혀 있어
옳고 바름을 남에게만 요구하기 때문이다.

하지만 나는 이미 우리의 밝은 내일과
영원한 손길을 굳게 믿고 있기에
설령 한때 어떤 난입자(闌入者)가 판을 쳐
나의 남은 목숨을 도끼로 찍어버린다손

나는 원망도 후회도 없이
이 땅 이 겨레, 아니 이 세상을
축복하면서 죽어가리라.

황금 송아지를 몰아내야

"세상 사물의 본질적인 것은
육안(肉眼)으론 안 보여!
마음의 눈으로 보아야지."

생텍쥐페리의 명작 《어린왕자》의
마지막 대목, 여우의 갈파다.

저 여우의 지혜대로 사물의 본질,
즉, 사리(事理)나 도리(道理)에 속하는 것은
심안(心眼)으로 깨우치고 헤아려야 한다.

하지만 오늘날 우리 모두는
바로 이 마음의 눈이 멀어 있다.

그래서 우리는 이 세상 삶 속에서
필요하고 소중하다고 여기는 것은
그 모두가 육안으로 보이는 것뿐이요,
삶의 보람과 기쁨으로 삼는 것도
관능적이고 찰나적인 것뿐이다.

이렇듯 마음의 눈이 먼 우리에겐

건물과 교량의 금간 것은 보이지만
허물어지고 넘어질 것은 안 보이고
가스관이 안 잠기고 터진 것은 보이지만
새어나오고 폭발할 것은 안 보이고
어버이와 자식 사이 이웃과 겨레끼리도
서로가 자신의 이해(利害)만이 보인다.

그리고 마치 자유의 복지(福地)를
찾아 나섰던 고대 이스라엘 백성들처럼
인간 삶의 바탕인 마음의 필수품들을
낡은 지팡이나 헌신짝처럼 팽개쳐 버리고
황금 송아지를 만들어 섬기고들 있다.

이 현상을 치유할 처방은 무엇이냐?고
저 시나이산에서 내려온 모세가
하느님에게 받은 십계명판으로
그 황금 송아지를 내리쳐 부쉈듯

우리도 각자가 마음의 눈을 떠서
오늘의 삶의 허깨비인 황금 송아지를
한시바삐 쳐부수고 몰아내야 한다.

인류의 맹점(盲點)에서

시방 세계는 짙은 어둠에 덮여 있다.
그 칠흑 속 지구의 이곳 저곳에서는
구급을 호소하는 비상경보가 들려온다.

온 세상이 문명의 이기(利器)로 차 있고
자유에 취한 사상들이 서로 다투어
매미와 개구리들처럼 요란을 떨지만
세계는 마치 나침반이 고장난 배처럼
중심도 방향도 잃고 흔들리고 있다.

한편 이 속에서도 태평을 누린달까?
황금 송아지를 만들어 섬기는 무리들이
사기와 도박과 승부와 향락에 취해서
이 전율할 밤을 한껏 탐닉하고 있다.

내가 이 속에서 할 수 있는 일은
무엇일까?
저들에게 새 십계명은 무엇일까?
아니, 새 것이 있을 리가 없고
바로 그 십계판을 누가 어떻게
던져야 하는가?

여기에 이르면 판단정지!
오직 전능과 무한량한 자비에
맡기고 빌 뿐이다.

가장 사나운 짐승

내가 다섯 해나 살다가 온
하와이 호놀룰루시의 동물원,
철책과 철망 속에는

여러 가지 종류의 짐승과 새들이
길러지고 있었는데

지금도 잊혀지지 않는 것은
그 구경거리의 마지막 코스
'가장 사나운 짐승'이라는
팻말이 붙은 한 우리 속에는
대문짝만 한 큰 거울이 놓여 있어
들여다보는 사람들로 하여금
찔끔 놀라게 하는데

오늘날 우리도 때마다
거울에다 얼굴도 마음도 비춰보면서
스스로가 사납고도 고약한 짐승이
되지나 않았는지 살펴볼 일이다.

4

말씀의 실상

말씀의 실상(實相)

영혼의 눈에 끼었던
무명(無明)의 백태가 벗겨지며
나를 에워싼 만유일체(萬有一切)가
말씀임을 깨닫습니다.

노상 무심히 보아오던
손가락이 열 개인 것도
이적(異蹟)에나 접하듯
새삼 놀라웁고

창 밖 울타리 한구석
새로 피는 개나리꽃도
부활의 시범을 보듯
사뭇 황홀합니다.

창창한 우주, 허막(虛漠)의 바다에
모래알보다도 작은 내가
말씀의 신령한 그 은혜로
이렇게 오물거리고 있음을

상상도 아니요, 상징(象徵)도 아닌

실상(實相)으로 깨닫습니다.

신령한 새싹

그다지 모질던 회오리바람이 자고
나의 안에는 신령한 새싹이 움텄다.

겨울 아카시아모양 메마른
앙상한 나의 오관(五官)에
이 어쩐 싱그러움이냐?

어둠으로 감싸여 있던 만물들이
저마다 총총한 별이 되어 반짝이고
그물코처럼 얽히고 설킨 사리(事理)들이
타래실처럼 술술 풀린다.

이제 나에게는 나고 스러지는 것이
하나도 가엾지가 않고
모두가 영원의 한 모습일 뿐이다.

때를 넘기면 배가 고프고
신경통으로 사지(四肢)가 쑤시기는
매한가지지만

나의 안에는 신령한 새싹이 움터

영원의 동산에다 피울
새 꽃을 마련하고 있다.

신령한 소유

이제사 나는 탕아(蕩兒)가 아버지 품에
되돌아온 심회(心懷)로
세상 만물을 본다.

저 창 밖으로 보이는
6월의 젖빛 하늘도
싱그러운 신록 위에 튀는 햇발도
지절대며 날아다니는 참새 떼들도
베란다 화분에 흐드러진 페튜니아도
새롭고 놀랍고 신기하기 그지없다.

한편 아파트 거실을 휘저으며
나불대며 씩씩거리는 손주놈도
돋보기를 쓰고 베갯모 수를 놓는 아내도
앞 행길 제각기의 모습으로 오가는 이웃도
새삼 사랑스럽고 미쁘고 소중하다.

오오, 곳간의 재물과는 비할 바 없는

● 모두 다 내 것이로구나 : 성서의 '탕아귀가' 비유에서 그 아버지가 형을 달래며 하는 "나의 것이 다 네 것이 아니냐"라는 말을 받아서 썼음.

신령하고 무한량한 소유!
정녕, 하늘에 계신 아버지 것이
모두 다 내 것이로구나.*

어느 정회(情懷)

한차례 공동묵상을 마친 후
성모상이 서 있는
수도원 숲 그늘에
뿔뿔이 쉬는 참이었다.

곱살히 늙어가는 여교우 한 분이
내 옆 통나무 의자에 다가와 앉더니
"송도원(松濤園)* 앞 동네가 바로 저의 고향이거든요.
40년 전 마당 앞 행길을 지나가시던 선생님을 뵙고는
그만 넋을 잃고서 평생을 잊을 수가 없었어요.
착실하고 무던한 남편을 만나 별로 고생을 모르며 살아오고
아들 딸 여럿 낳고 손주도 보았는데
선생님의 모습이 끝내 지워지지가 않는군요
신문 잡지에서 선생님 함자(銜字)나 사진을 뵈면
가슴이 두근거리면서 반가웠구요.
선생님 쓰신 글을 찾아가면서 죄 읽었지요.
어쩌면 제가 성당엘 다니게 된 것도
선생님을 따라서예요.
선생님은 이런 푸념 같은 얘기 들으시기 매우 거북하실 줄 아오나
제 생전 한번만은 만나뵙고 털어놓고 싶었어요."
하고선 맑은 아미(蛾眉)를 숙였다.

나는 응답할 말이 없는지라
"진작 좀 말씀을 하시지 그랬어요?"
기농(譏弄)으로 받았더니 그녀도
"선생님이 이렇듯 수월하게 받아 주실 줄 미처 알았어야죠?"
개운하게 응수를 해 와서
서로 쳐다보고 활짝 웃었다.

이때 울려퍼지는 집합 벨소리
우리는 함께 늙은 부부처럼
나란히 기도소로 향했다.

• 송도원 : 내 고향 북한 원산에 있는 유명한 해수욕장.

비의(秘儀)

향우(鄕友) 이중섭이 이승을 달랑달랑 다할 무렵이었다.
나는 그때도 검은 장밋빛 피를 몇 양푼이나 토하고 시신(屍身)처럼 가만히 누워지내야만 했다.
하루는 그가 불쑥 나타나서 애들 도화지 한 장을 내밀었다.
거기에는 애호박만큼 큰 복숭아 한 개가 그려져 있고, 그 한가운데 씨 대신 죄그만 머슴애가 기차를 향해 만세!를 부르는 그런 시늉을 하고 있었다.
나는 그것을 받으며,
"이건 또 자네의 바보짓인가, 도깨비놀음인가?"
하고 픽 웃었더니 그도 따라서 씩 웃으며
"복숭아, 천도(天桃) 복숭아
님자 상(常)이, 우리 구상(具常)이
이걸 먹고 요걸 먹고
어이 빨리 나으란 그 말씀이지."
흥얼거리더니 휙 돌쳐서 나갔다.

그는 저렇듯 가고 10년 후, 나는 이번에 폐(肺)를 꺼내 그 공동(空洞)을 쪼개 씻어 도로 꿰매 넣고 갈비뼈를 여섯 개나 자르고 누웠다.
마침 제철이라 날라다주는 식상(食床)엔 복숭아가 자주 오르는데 이것을 집어들 때마다 나는 중섭의 천도 생각이 나며

'복숭아 천도 복숭아
님자 상이, 우리 구상이
이걸 먹고 요걸 먹고
어이 빨리 나으란 그 말씀이지.'
그의 그 말씀을 가만히 되뇌이기도 하고 되씹기도 한다.
그런데 차차 그 가락은 무슨 영절스러운 축문(祝文)으로 변해가더니 어느덧 나에겐 어떤 경건(敬虔)과 그 기쁨마저 주기에 이르렀다.
그리고 또한 내가 태중(胎中)에서부터 숙친(熟親)한 또 다른 한 분의 음성과 한데 어울려 오는 것이다.
'이것은 내 몸이니 받아 먹으라.
이것은 내 피니 받아 마시라.
나를 기억하기 위해
이 예(禮)를 행하라'

요한에게

너, 아둔한 친구 요한*아!
가령, 네가 설날 아침의 햇발 같은 눈부신 시를 써서 온 세상에 빛난다 해도 너의 안에 온전한 기쁨이 없다는 것을 아직도 깨우치지 못하느냐.

너, 아둔한 친구 요한아!
가령, 네가 미스 월드를 아내로 삼고 보료를 깐 안방과 만권(萬卷)의 서(書)가 구비된 사랑에 살며 세 때 산해진미로 구복(口腹)을 채운다 해도 너의 안에 온전한 기쁨이 없다는 것을 아직도 깨우치지 못하느냐.

너, 아둔한 친구 요한아!
가령, 네가 남보다 뛰어난 건강을 가졌거나 천만인을 누르는 권세를 쥐었거나 화성(火星)을 날아다니는 재주를 지녔다 해도 너의 안에 온전한 기쁨이 없다는 것을 아직도 깨우치지 못하느냐.

너, 아둔한 친구 요한아!
가령, 네가 너의 아들딸들의 지극한 효를 보고 그 손주놈들의 재롱에 취한다 해도 너의 안에 온전한 기쁨이 없다는 것을 아직도 깨우치지 못하느냐.

너, 영혼의 문둥이 요한아!
　만일, 네가 네 안에 참된 기쁨을 누리자면 너의 오늘날 삶의 모든 것이 신비의 샘임을 깨달아 그 과분함을 감사히 여길 때 이루어지리니 그래서 일찍 너의 형제 아시시의 프란체스코는 '천주께서 내게 주신 은혜를 거두어 도둑들에게 주셨더라면 하느님은 진정 감사를 받으실 것을!' 하고 갈파(喝破)하셨더니라.

• 요한은 나의 세례명.

우도(右盜) 이야기

갈가마귀 떼 우짖으며 날아다니는 해골산(骸骨山) 마루,
십자가에 매달려 뒤틀리고 눈 뒤집히는 아픔 속에서
우도는 흘끔 고개를 돌려 옆에 못 박힌 나자렛 예수를 바라보다가
순식간에 함께 당하는 죽음의 고통 속에서도 빛을 발하는
무한한 인자(仁慈)와 위엄(威嚴)의 모습을 보고 거기에 빨려
잠시 자기를 잊는 것이었다.

저 사람은 동향(同鄕) 갈릴래아 나자렛 마을 목공 요셉의 아들,
어려서부터 신동이라는 소문이 났었고
장성해서는 유다 온 지방을 두루 다니며 하느님과 그 사랑을 가르치고
이적(異蹟)을 행하여 선지자(先知者)라고도 불리우고
또 바로 메시아라고도 우러르던 그 사람,
어디서는 소경을 눈뜨게 하고
어디서는 귀머거리를 듣게 하고
어디서는 벙어리를 말하게 하고
어디서는 앉은뱅이를 일어나 걸어가게 하고
어디서는 문둥이를 씻은 듯 성케 하고
어디서는 미친 자에게서 마귀를 쫓아내고
어디서는 맹물로 술을 만들고

어디서는 빵 몇 조각과 고기 몇 마리로
5천명을 배불리 먹게 하고
어디서는 물 위를 걸어다니고, 태풍을 멎게도 하고
어디서는 숨거둔 자마저 되살렸다는 바로 그 사람.

나로 말하자면 이승에 태어나 어버이와 형제, 처자를 저버리고
이웃과 세상을 원수로 여겨
  어려서부터 못된 짓을 골라가며 할 제
  거기서는 양을 훔쳤고
  거기서는 행인의 주머니를 털었고
  거기서는 몽둥이로 친구를 다리병신 만들고
  거기서는 그 사람 두 눈을 빼어 장님을 만들고
  거기서는 뉘 집 곳간을 털다 도끼로 대가리를 까고
  거기서는 칼로 배를 찔러 죽이고
  거기서는 어느 집에 불을 놓고
  거기서는 산길을 가는 사마리아 여인을 겁탈했고
  거기서는 처녀와 유부녀를 농락했고
  거기서는 무덤을 쑤셨고
  거기서는 또……
아아 나는 저 예수의 하느님과 사랑을 등져만 온 사람,
나야 이렇게 십자가에 매달려 죽어도 싸고
또 마땅하지 않은가!

그러나 이 어이된 일인가?
저분 같은 의인과 나 같은 흉한(凶漢)이
함께 죽어감은 어이된 일인가.

더욱이나 저분은 이제도
하늘을 우러러 하느님 아버지를 찾으며
"저 사람들을 용서하여 주소서! 그들은 자기들이 하는 일이
무엇인지 모르고 있습니다."
하며 자기를 못 박은 자들을 위해 비는 것이 아닌가!
그렇다면 저분은 나의 흉악한 과거와
그 죄악마저 용서하여 줄 수 있지 않을까?
내가 더 혹독한 죽음을 당하고 저분을 살릴 수는 없을까?
우도의 식어가는 가슴속에 사무쳐오는 뉘우침과 샘솟아오는 사랑이 좌도(左盜)의 예수께 향한 모욕을 꾸짖고 나서게 하고
마침내
"예수님! 당신 나라에 임하실 때
저도 한가지로 있게 하여 주십시오."
하고 불러 외쳤던 것이다.

그분이 홀로서 가듯

홀로서 가야만 한다.
저 2천 년 전 로마의 지배 아래
사두가이와 바리사이들의 수모를 받으며
그분이 홀로서 가듯
나 또한 홀로서 가야만 한다.

악의 무성한 꽃밭 속에서
진리가 귀찮고 슬프더라도*
나 혼자의 무력(無力)에 지치고
번번이 패배의 쓴잔을 마시더라도
제자들의 배반과 도피 속에서
백성들의 비웃음과 돌팔매를 맞으며
그분이 십자가의 길을 홀로서 가듯
나 또한 홀로서 가야만 한다.

정의는 마침내 이기고 영원한 것이요,
달게 받는 고통은 값진 것이요,
우리의 바람과 사랑이 헛되지 않음을 믿고서

아무런 영웅적 기색도 없이
아니, 볼 꼴 없고 병신스런 모습을 하고*

그분이 부활의 길을 홀로서 가듯
나 또한 홀로서 가야만 한다.

• 진리가 귀찮고 슬프더라도 : 르낭의 말.
• 볼 꼴 없고 병신스런 모습을 하고 : 구약성서의 한 구절.

무소부재(無所不在)

아지랑이 낀 연당(蓮塘)에
꿈나비 살포시 내려앉듯
그 고요로 계십니까.

비 내리는 무주공산(無主空山)
어둑이 진 유수(幽邃) 속에
심오하게 계십니까.

산사(山寺) 뜰 파초(芭蕉) 그늘에
한 포기 채송화모양
애련(哀憐)스레 계십니까.

휘영청 걸린 달 아래
장독대가 지은 그림자이듯
쓸쓸하게 계십니까.

청산(靑山)이 연장(連嶂)하여
병풍처럼 둘렀는데
높이 솟은 설봉(雪峰)인 듯
어느 절정에 계십니까.

일월(日月)을 조응(照應)하여
세월 없이 흐르는 장강(長江)이듯
유연(悠然)하게 계십니까.

상강(霜降) 아침
나목(裸木) 가지에 펼쳐 있는
청렬(淸冽) 안에 계십니까.

석양이 비낀
황금 들판에 넘실거리는
풍요 속에 계십니까.

삼동(三冬)에 뒤져 놓은
번열(煩熱) 식은 대지같이
태초의 침묵을 안고 계십니까.

태풍 휘몰아오고
해일(海溢) 일며
천둥 번개 치듯
엄위(嚴威)로서 계십니까.

허허창창(虛虛蒼蒼) 하늘과 바다가 맞닿은
무애(無涯)도 너머
아득히 계십니까.

칠색(七色)의 무지개 위에나

성좌(星座)를 보석자리 삼아
동천(東天)의 일출(日出)마냥
휘황스레 계십니까.

이화(梨花), 도화(桃花) 방창(方暢)한데
지저귀는 저 새들과
옥류(玉流)에서 노니는 고기 떼들의
생래(生來)의 즐거움으로 계십니까.

풀잎 뜯어 새김하며
먼 산 한 번 구름 한 번 바라보는
산양(山羊)의 무심으로 계십니까.

저고리 섶을 연 젖무덤에 안겨서
어미를 쳐다보는 아기의 눈빛 같은
무염(無染) 속에 계십니까.

저 신선도(神仙圖)
흰 수염 드리운 그윽한 미소로
굽어살피고 계십니까.

이렇듯 형상으론 섬기지 못하고
온 누리의 바탕에
붓 안 닿은 여백같이
시공(時空)을 채워 계심이여!

무소부재, 무소부재의
하느님!

비롯함도 마침도 없는 님아

님의 손길 내 손목에 드리우면
응혈졌던 맥박이 분수마냥 용솟음
치오리다.

님의 숨결 내 입술에 불어넣으면
식어들던 가슴이 사랑의 불가마로
변하오리다.

님의 피 한 방울만 마신다면
내 영혼의 타오르는 목마름도 흥그러히
취하고 남으오리다.

님의 옷자락 내 눈을 닦을 양이면
바닥 없는 이 설움 금시에 마르오리다.

님의 입술 한번만 벌리시면
까마귀같이 검던 내 마음도 백로(白鷺)처럼
조찰해 지오리다.

님의 가슴 나를 품으신다면
온 누리가 꺼진대도 끝없는 쉼에

꿈꾸오리다.

오호라 비롯함도 마침도 없는 님아
어이 굽어 들으시라.

신도행전(信徒行傳)

올 여름 무더위가 한창인
어느 주일이었어요.

그 성당에는 대형 선풍기가 한 대
신도석을 향해 마련되었는데
그것이 한참 돌다 회전바퀴 고장으로
통로에다 헛바람만 보내게 되었지요.

그러자 왼편 좌석의 중년 부인 하나가
미사보를 오므리며 나가더니
그 선풍기 목을 제자리 쪽으로
돌려놓고 들어왔습니다.

얼마 안 가 바른편 좌석의 젊은 사내가
험한 인상을 쓰며 나가더니
그 선풍기 목을 제자리 쪽으로
돌려놓고 들어왔습니다.

이렇게 양편에서 번갈아가며
나서기를 세 번
이번엔 회장인 듯 싶은 영감님이 나가

이리저리 돌려보다 망설이더니
그만 선풍기를 끄고 들어왔습니다.

예수님!
우리는 당신 제대(祭臺) 앞에서도
아직 이 꼬라지랍니다.

이름 모를 짐승이 되어

핏발선 나날이 구을러
또 다시 맞는 당신의 명절—

하늘엔 영광, 땅에는 평화,
그 평화가 얼어붙어만 가는데
저기 몰려드는 이리 떼들의 발굽소리,
이 베들레헴을 짓밟아오는 발굽소리,

나는 이름 모를 짐승이 되어
컹컹 짖어보다가
성모(聖母)의 미소인 양 굽어보는 달을 쳐다보다가
당신의 눈동자처럼 총총히 박힌
별들을 우러르다가

헤로데의 군사(軍士)인 듯이 눈 뒤집힌 거리와
음산(陰散)한 나의 고요 속에서
치를 떨며 실성해 달리다가

눈보라 속에 쓰러질 품속이여!
당신의 말구유여!

성탄절 고음(苦吟)

구유 위에 당신을 첫 조배하던
목동들의 순박한 기쁨과
그 외양간의 단란(團欒)마저 깨진
교회당(敎會堂),

당신 왕국의 건설을 두려워하는
헤로데와 그 군사들이
이 밤도 당신의 새순을 자르기에
눈 뒤집혀 지새우는 크리스마스,

복음을 쇼 윈도의 구슬옷처럼
조명에 따라 변색시키는
당신의 제자들과
그 열광의 무리와
바리사이파들에게 오늘도 에워싸인
당신,

자캐오*처럼 나무에 올라
한 마리 까마귀 영혼이 우짖는다.

'나와 우리의 이 주박(呪縛)에

눈을 돌려주소서.'

---

* 자캐오 : 성서에 나오는 세관장. 군중에게 가린 예수를 보려고 나무 위에 올라감.

성탄을 일흔 번도 넘어

성탄을 일흔 번도 넘어 맞이하고도
나의 안에는 권능의 천주만을 모시고 있어
저 베들레헴 말구유로 오신
그 무한한 당신의 사랑 앞에
양을 치던 목동들처럼
순수한 환희로 조배할 줄 모르옵네.

성탄을 일흔 번도 넘어 맞이하고도
나의 안에는 허영의 마귀들이 들끓고 있어
'지극히 높은 데서는 천주께 영광,
땅에서는 마음이 좋은 사람들에게 평화'
그날 밤 천사들의 영원한 찬미와 축복에
귀먹어 지내고 있습네.

성탄을 일흔 번도 넘어 맞이하고도
나의 안에는 안일(安逸)의 짐승만이 살고 있어
헤로데 폭정 속, 세상에 오셔
십자가로 당신을 완성하신
그 고난의 생애엔 외면하고
부활만을 탐내 바라고 있습네.

성탄을 일흔 번도 넘어 맞이하여도
나 자신 거듭나지 않고선
누릴 수 없는 명절이여!

부활송(復活頌)

죽어 썩은 것 같던
매화의 옛 등걸에
승리의 화관인 듯
꽃이 눈부시다.

당신 안에 생명을 둔 만물이
저렇듯 죽어도 죽지 않고
또다시 소생하고 변신함을 보느니
당신이 몸소 부활로 증거한
우리의 부활이야 의심할 바 있으랴!

당신과 우리의 부활이 있으므로
진리는 있는 것이며
당신과 우리의 부활이 있으므로
정의는 이기는 것이며
당신과 우리의 부활이 있으므로
달게 받는 고통은 값진 것이며
당신과 우리의 부활이 있으므로
우리의 믿음과 바람과 사랑은 헛되지 않으며
당신과 우리의 부활이 있으므로
우리의 삶은 허무의 수렁이 아니다.

봄의 행진이 아롱진
지구의 어느 변두리에서
나는 우리의 부활로써 성취될
그 날의 누리를 그리며
황홀에 취해 있다.

부활절

씨랑 뿌리랑 벌레랑 개구리들이
땅 밑에서 새 모습을 하고
일제히 얼굴을 내미는 부활의 계절,

나도 우렁찬 천상의 나팔소리 함께
동면(冬眠) 같은 무덤 속에서 깨어 일어날
그 날을 그리며 흥겨움에 잠긴다.

원죄(原罪)와 본죄(本罪)의 허울을 벗은 내가
에덴 본디의 모습을 하고
성부께 영락(永樂)을 선포 받을
그 날을 그리며 흥겨움에 잠긴다.

색색의 꽃들인 양 대원(大願)을 이룬
가족과 이웃들을 만나서
흘러간 이승의 사연을 주고받을
그 날을 그리며 흥그러움에 잠긴다.

인공과 자연이 새 살로 아문
지구의 완성을 둘러보며
영광과 평화의 훈풍 속에 노닐

그 날을 그리며 훙그러움에 잠긴다.

섭리와 자유의 경계가 스러진
온 누리의 성좌(星座)를 훨훨 날아다니며
천사랑 어울려 찬미에 취할
그 날을 그리며 훙그러움에 잠긴다.

성모상 앞에서

은방울꽃에서는
성모의 냄새가 난다.

지구의(地球儀) 위에 또아리를 틀고 엎드려
당신의 그 고운 맨발에 깔린 뱀은
괴롭기커녕 눈을 가늘게 뜨고
고개를 갸우뚱 졸고 있다.

푸른 보리 비린내를 풍기고
지나가는 봄바람이
당신의 흰 옷자락과 남빛 띠를
살짝 날리고 있고
흰 수건을 쓰고 우러르는
당신의 눈빛엔 한이 담겨 있다.

이 나라 청자의 하늘을 너머
저 깊은 허무의 바다도 너머서
당신의 명주 가슴에다
칠고(七苦)*의 생채기를 내고 간
아들, 예수의 나라가
예서도 보이는가?

루르드 바위 그늘에
무릎을 꿇어 합장한
오월의 오후!
만물의 숨결이 고르다.

● 칠고 : 성모 마리아가 아들 예수 그리스도로 인해 당한 일곱 가지 고통을 말함.

성모 마리아

당신은 내 새벽 하늘에 서 있다.
당신은 백합의 옷을 입고 있다.
당신의 눈에는 옹달샘이 고여 있다.
당신의 가슴엔 칠고(七苦)의
상흔(傷痕)이 장미처럼 피어 있다.
당신은 저녁놀이 짓는
갈대의 그림자를 드리고 있다.
당신은 언제나 고향집 문전에서 나를 기다린다.
당신은 내가 일곱 마귀에 씌어
갈피를 못 잡을 때도 돌아서지 않는다.
당신은 마침내 당신의 그지없는 사랑으로
나를 태어날 때의 순진으로 되돌려
아기 예수를 안았던 바로 그 품에다
얼싸안고 흐뭇해 한다.

또 하나의 금단(禁斷)

천지 만물을 배포하시고
당신의 모상을 따서
사람을 만드신 후,
환한 기쁨 속에
하느님의 첫 대화.

'생육하고 번성하여
땅에 충만하라
땅을 정복하라.'
어찌 더 이상의 인간의 구실을
명백히 할 수 있으랴.

'까마귀들을 살펴보라
심지 아니하고 거두지 아니하고
고방과 창고도 없으되
천주 저들을 먹이시거든……'

이렇게 허두를 뗀 그리스도 예수
예의 권위서린 어조와 즐겨 쓰시는 반문조(反問調)로
'……하물며 저들보다 더 귀한 너희들에게랴'

어찌 더 이상의 확실한 보장을
받을 수 있으랴.

이런 사정에 멀던
동방(東方)의 지혜도
일찍부터

'하늘이 녹(祿) 없는 사람을 내지 않고
땅은 이름 없는 풀을 싹틔우지 않는다' 고
천연스레 말해 온다.

여기 아무리 잡초마냥
짓밟히는 목숨
걸레쪽같이 남루한 목숨

죄와 벌의 틈바귀에서
차라리 태어나지 않기보다
못한 목숨이라손

낱낱의 생명엔
그 생명대로의
아무나 보지도 알지도 못하고
침범할 수도 없는
신비의 빛과
부활의 승리가 내재하느니

먹이기가 어렵고
기르기가 힘들다고
낳기가 귀찮으며
국토가 좁고 인구가 많다고
세상과 사람들 형편에 맞추느라고

생명의 잉태와 출산을
회피하고 거부하고
두려워하여 죽이며
또한 죽이려 든단 말인가!

성부 저렇듯 섭리하셨고
성자 친히 우리 모상으로 오셔 증거하시고
성령이 영원토록 머무실 궁전

지엄하고 막중한 생명의 영위를
인간 스스로가 다스리고자 함은
다시 한번 금단의 열매를
범함과 같으니라.

우리 교황님

대청에 모신
사진으로만 뵈어도
후덕스러우신
우리 교황님

진정, 가난한 자의 벗이며
병자의 위로며
옥중(獄中)의 방문객이셨던
우리 교황님

분리된 형제의 망향(望鄕)이 되셨고
동서(東西), 미움의 경계마저 헐어 버리신
우리 교황님

온 누리 억만(億萬) 가슴을
사랑으로 수놓으시고
저승으로 이어진 황금교(黃金橋)를 건너듯
주께서 예비한 영복소(永福所)에 드시다.

내 본명이 요한이어서
더 다정스러웠던

우리 교황님

일가문중(一家門中)에는 우애있는 형이며
구수한 고향사람이며
하객(賀客)에게 슬기로운 농(弄)을
즐겨 던지는 영감님이셨던
우리 교황님

호남수재(湖南水災)에마저 구호금과
기구문(祈求文)을 보내 주신
갖가지 일화가 마치
신라 고승 같으셨던
우리 교황님

온 누리 억만(億萬) 가슴에
슬픔을 물결지우며
먼 피안(彼岸)에 조용히 닻을 내리듯
주께서 예비한 나라에 드시다.

동방의 나라 가난한 마을
동란으로 선고(先考)의 영정도 없는
우리 집 대청에
계셔도, 가셔도
조상처럼 모셔 있는
우리 교황님
요한 23세.

주의 이름으로 오시는 이여
─요한 바오로 2세 교황님을 맞으며

저 2천 년 전 예수의 예루살렘 입성을
열광적으로 맞던 이스라엘 백성들처럼
이 땅의 민중들도 당신을 그렇게 반기고
그때 스승의 비장한 각오도 모르고
앞장서 우쭐대던 그분의 제자들처럼
우리 신도들도 그렇게 신바람이 나 있습니다.

어떤 이들은 당신이 이 땅에 오심으로써
행여나 이 나라 민주적 정치 발전에
푸른 등이 켜지지나 않을까 하고
어떤 이들은 가난하고 억눌린 이들 어깨의
고통의 짐이 덜어지지나 않을까 하고
또 어떤 이들은 남북으로 갈린 형제들이
화해의 실마리를 찾게 되지나 않을까 하고
이렇듯 크고 많은 기대들을 걸고서
당신을 맞고 반기는 것입니다.

말하자면 아직도 이 땅의 백성들은
예수 그리스도의 그 십자가의 죽음이나
순교자들의 무참한 희생에는 무심하고
그것에서 우러난 당신의 정신적 위력(偉力)이

현실적으로 나타나기만 바라는 것입니다.

그래서 이 땅 까마귀 같은 시인 하나가
나무 위에 오른 자캐오처럼 외쳐댑니다.

"저분은 아무것도 가지신 것이 없습니다.
여러분이 바라는 힘은 본디 가지시지 않았습니다.
저분은 이 땅의 현실을 도모(圖謀)하러 오시지 않고
저분은 오직 우리의 각자 마음 안에다
진리의 불을 붙이시려고 오셨습니다.
그것에의 응답은 스스로에게 달렸습니다."

주의 이름으로 오시는 이여!
찬미 받으소서.

바로 그것이 이 땅의 빛
―한국 순교자 103위 시성(諡聖) 소식에

바로 그것이 위대한 믿음이다.
목숨과 진리를 맞바꾸어
영원과 부활을 증거해 보인
그것이 바로 십자가의 믿음이다.

바로 그것이 드높은 소망이다.
세상이 가르치는 충효도 넘어서
하느님 나라를 이 땅에 선포한
그것이 바로 십자가의 소망이다.

바로 그것이 오롯한 사랑이다.
기꺼이 스스로를 아낌없이 불태워
겨레의 잠든 영혼에 불을 붙인
그것이 바로 십자가의 사랑이다.

바로 그것이 이 땅의 빛이다.
님들의 그 위대한 믿음과
드높은 소망과 오롯한 사랑
그것이 바로 십자가의 빛이다.

신령한 혼인
—성 바오로 수녀원 종신서원식에서

백합 송이보다 더 청순한 열두 신부
민얼굴에 패물 하나 걸치지 않아도
저마다 내면의 빛을 뿜어 눈부시다.

제대 앞에 나아가 가슴에 손을 얹고
'저는 당신의 불러주신 사랑에 응답하여,
종신토록 제 자신을 당신께 온전히 바칩니다.'
맹세하고 서명하는 주님의 신부.

오오, 뜨겁고 굳센 믿음에서 우러나
맺어지는 신령한 사랑!
저들이 맛볼 신령한 사랑의 감미는
저들만의 것이다.

이제 울려 퍼지는 신부들의 합창
'당신 십자가에 못박힘으로써
세상은 나에게서 죽었고
나는 세상에게서 죽었나이다.'

신령한 사랑에 눈멀고 무딘 나도
영혼의 눈시울을 적신다.

신령한 정화(淨化)
―부산 성 분도 수녀원에서

남쪽 바다 후미진 산기슭
무더기로 핀 백합 송이 같은 수녀들이
아침 저녁 하느님 제대 앞에 꿇어
우리네 세상살이의 안태(安泰)를 빈다.

―우리 모두의 마음을 당신께로 끌어당기시어
　불목하는 마음과 잔인한 마음에서 구해 주시고
　우리 모두가 진리와 사랑으로 화합하여
　평화롭고 행복한 나라를 이루게 하소서.

누가 청하지도 않았고 시키지도 않았으련만
그녀들의 합송(合誦)은 애소(哀訴)에 가깝다.

―자비로우시고 전능하신 하느님 아버지!
　우리의 위정자들이 당신의 가르침을 받들어
　이 나라 백성들을 바르고 지혜롭게 이끌게 하옵소서.

어쩌면 그녀들의 삶과는 무관하게까지 여겨지는
너무나도 엄청나고 크고 깊은 발원(發願)이 뒤따른다.

―영원을 생각 않는 인간이라면

제 몸을 죄악에다 묶고 마오리
이 영혼 죄의 짐을 벗어 던지고
생명의 은총 안에 살게 하소서.

이제 끝으로 자신들의 밝은 삶을
거듭 다짐하는 합창을 들으며

나는 오늘날 우리의 사회정화가
이렇듯 실재(實在)의 안팎에서 일고 있음을 보고
안도와 함께 눈시울을 적신다.

나자렛 예수

나자렛 예수!
당신은 과연 어떤 분인가?

마구간 구유에서 태어나
강도들과 함께 십자가에 못 박혀 죽은
기구망측한 운명의 소유자,

집도 절도 없이 떠돌아 다니며
상놈들과 창녀들과 부역자들과
원수로 여기는 딴 고장치들과
어울리며 먹고 마시기를 즐긴 당신,

가난한 사람들에게
굶주린 사람들에게
우는 사람들에게
의로운 일을 하다 미움을 사고
욕을 먹고, 쫓기고
누명을 쓰는 사람들에게

'행복한 사람은 바로 당신들' 이라고
'하느님 나라는 바로 당신들 차지' 라고

엄청난 소리를 한 당신,

소경을 보게 하고
귀머거리를 듣게 하고
앉은뱅이를 걷게 하고
문둥이를 말짱히 낫게 하고
죽은 사람을 살려내고도

스스로의 말대로
온 세상의 미움을 사고
욕을 먹고, 쫓기다가
마침내 반역자란 누명을 쓰고
볼 꼴 없이 죽어 간 철저한 실패자,

내가 탯줄에서 떨어지자 맺어져
나의 삶의 바탕이 되고, 길이 되고,
때로는 멀리하고 싶고 귀찮게 여겨지고,
때로는 좌절과 절망까지를 안겨 주고,
때로는 너무나 익숙하면서도
생판 낯설어 보이는 당신,
당신의 참모습은 과연 어떤 것인가?

   *

당신은 사상가가 아니었다.
당신은 도덕가가 아니었다.

당신은 현세의 경륜가가 아니었다.
아니, 당신은 종교의 창시자도 아니었다.

그래서 당신은 어떤 지식을 가르치지 않았다.
당신은 어떤 규범을 가르치지 않았다.
당신은 어떤 사회혁신운동을 일으키지 않았다.
또한 당신은 어떤 해탈을 가르치지도 않았다.

한편 당신은 어느 누구의 과거 공적이 있고 없고를 따지지 않았고
당신은 어느 누구의 과거 죄악의 많고 적음을 따지지 않았고
당신은 실로 이 세상 모든 사람의 생각이나 말을 뒤엎고

'고생하고 무거운 짐을 지고
허덕이는 사람은
다 내게로 오라,
내가 편히 쉬게 하리라' 고
고통받는 인류의 해방을 선포하고

다만, 하느님이 우리의 아버지시요,
그지없는 사랑 그 자체이시니
우리는 어린애처럼 그 품에 들어서
우리도 아버지가 하시듯 서로를 용서하며
우리도 아버지가 하시듯 다함없이 사랑할 때

우리의 삶에 영원한 행복이 깃들고

그것이 곧 '하느님의 나라'라고 가르치고
그 사랑의 진실을 목숨 바쳐 실천하고
그 사랑의 불멸을 부활로써 증거하였다.

우리가 전하는 말씀에

우리*가 전하는 말씀에
귀 기울이는 이는 행복합니다.
당신은 허무의 수렁에서 벗어났습니다.

우리가 전하는 말씀에
뉘우치는 이는 행복합니다.
당신은 죄의 사슬에서 풀려났습니다.

우리가 전하는 말씀에
새로 나는 이는 행복합니다.
당신은 이미 죽음에서 부활하였습니다.

우리가 전하는 말씀에
기쁨을 맛보는 이는 행복합니다.
당신은 그 기쁨을 영원히 차지합니다.

우리가 전하는 말씀대로
세상을 사는 이는 행복합니다.
승리는 당신의 것입니다.

우리가 전하는 말씀대로

이웃을 돕는 이는 행복합니다.
평화는 당신의 것입니다.

우리가 전하는 말씀을
또다시 전하는 이는 행복합니다.
당신은 하늘의 찬양을 받고 있습니다.

우리가 전하는 말씀을
오롯이 믿고 바라고 사랑하는 이는
진실로 행복합니다.
당신이 믿고 바라고 사랑하는 바가
하나도 빠짐없이 이루어질 것입니다.

● 이 시에서 '우리'는 〈가톨릭시보〉 그 역대 동인들을 가리킴.

우매(愚昧)

나는 내 안에 계신
그분을 몰라뵌다.

너는 네 안에 계신
그분을 몰라뵌다.

우리는 항상 그분과
더불어 살고 있으면서도
저 엠마오°로 가던 신도들처럼
서로가 그분을 알아뵙지 못한다.

그리고 헛된 곳, 헛것에서 찾는다.
장독대나 돌무덤, 고목 둥치, 또는
하늘을 우러러 그분을 찾는다.

그리고 그분의 신비한 섭리로
목숨을 부지하고 삶을 지탱하며
또한 만물의 생성과 소멸 속에서
더없이 놀랍고 신령한 조화를
노상 무한량 접하고 있으면서도
제 눈에만 보이는 이적(異蹟)을 바라고

제 욕심만 채울 복을 빈다.

오호, 비롯함도 마침도 없는 주님
언제 어디서나 함께하시는 주님
저희 인간들의 이 우매를
그 자비로 측은히 여기소서!

● 엠마오 : 나자렛 예수가 부활 후 길 가는 신도들에게 발현한 지명.

마음의 눈을 뜨니

이제사 나는 눈을 뜬다.
마음의 눈을 뜬다.

달라진 것이라곤 하나도 없는
이제까지 그 모습, 그대로의 만물이
그 실용적 이름에서 벗어나
저마다 총총한 별처럼 빛나서
새롭고 신기하고 오묘하기 그지없다.

무심히 보아오던 마당의 나무,
넘보듯 스치던 잔디의 풀,
아니 발길에 차이는 조약돌 하나까지
한량없는 감동과 감격을 자아낸다.

저들은 저마다 나를 마주 반기며
티 없는 미소를 보내기도 하고
신령한 밀어를 속삭이기도 하고
손을 흔들어 함성을 지르기도 한다.

한편, 한길을 오가는 사람들이
새삼 소중하고 더없이 미쁜 것은

그 은혜로움을 일일이 쳐들 바 없지만
저들의 일손과 땀과 그 정성으로
나의 목숨부터가 부지되고 있다는 사실을
이제는 너무나도 실감하고 있기 때문이다.

만물의 그 시원(始原)의 빛에 눈을 뜬 나,
이제 세상 모든 것이 기적이요,
신비 아닌 것이 하나도 없으며
더구나 저 영원 속에서 나와 저들의
그 완성될 모습을 떠올리면 황홀해진다.

은총에 눈이 떠서

비로소 두 이레 강아지 눈만큼
은총에 눈이 떠서
세상 만물을 바라본다.

지척도 분간되지 않던 무명(無名) 속
어둠의 허깨비들은 스러지고
쳇바퀴 돌 듯 되풀이하던
목숨의 시간들이
신비의 샘으로 흐른다.

그저 무심히 눈에 스치던
자연의 생성과 소멸이
나의 흐린 오관(五官)을 생동케 하고
나의 녹슨 심장을 고동케 해서
그 어떤 이적(異蹟)보다도 놀라웁고
흥부네 박씨보다도 감사하다.

나의 연륜으로 인한 육신의 쇠퇴는
부활을 위한 조락(凋落)일 뿐이요,
내 안에는 신령한 새싹이 움터
영원의 동산에 꽃필 날을 기다린다.

비로소 두 이레 강아지만큼
은총에 눈이 떠서
하나도 어제와 달라진 게 없건만
이제 삶의 보람과 기쁨을 맛본다.

원죄의 되풀이

천체의 어느 별은
그 빛이 우리 눈에 띄기까지
백억 광년이 걸린다지 않는가.

저렇듯 무한대한 공간 속의
저렇듯 무한량한 시간 속의
한 점이요, 한 찰라인 너희가

마치 신 위의 신처럼 군림하여
세상 만물과 만사를 헤아리고
너희 뜻대로 되기를 바란단 말인가.

너희는 아담과 이브가 범한
그 원죄를 되풀이하다가
이 지구마저 잃을까 두렵구나.

창세기를 되읽고 되새기라!

창세기의 재음미

인류의 시조 아담과 이브는
전능자가 되려는 그 욕망에서
유한한 존재로서의 분수를 저버리고
금단의 열매를 따먹음으로써
물리고(物理苦)*와 윤리고(倫理苦)*를
자초하였거니와

그 후손인 오늘의 인간, 우리 역시
과학기술 만능이라는 환상에 빠져서
하늘과 땅과 공기와 물을 결딴내며
지구의 자멸이 머지않다면서도 한편

강대국부터가 핵폭탄을 만들고 실험하며
약소국에겐 금지하고 달래고만 있지만
그 언제 그 어느 곳에서 그 누가
버튼 하나 잘못 누르기만 한다면
인류의 종말은 어이없이 오고야 말리니

생각하건대 아담 이브는 일을 저지르고선
숲 속으로 숨고 잎새로 알몸을 가리며
스스로 두려움과 부끄러움을 알았건만

오늘의 인간들은 한계상황에 이르고도
서로가 탓하고 서로들 미루기만 하니
이 일을 어쩌면 좋으랴, 어쩐단 말이냐?

오늘의 인간들이여! 그대들도
인간의 유한성과 상대성을 깨우쳐서
하늘을 우러르고 땅을 굽어보며
두려움을 알라! 부끄러움을 알라!

노아의 홍수를 설화로 알지 말라!
소돔과 고모라를 비유로 알지 말라!
바벨탑의 교훈을 오늘도 되새기라!

- 물리고 : 생로병사와 천재지변.
- 윤리고 : 인간의 성악적(性惡的)인 면에서 오는 고민과 고통.

무명도(無明圖)
— 루오의 그림 〈미세레레〉에서

　어둑한 동굴 속 앞쪽 바위벽에는 고목을 쪼개어 가로 세로 물린 듯한 큰 십자가가 세워져 있고 그 앞 돌계단 위에는 해골 하나가 침통한 표정을 짓고 있다.
　그리고 양쪽 바위벽에 달린 돌 축대 위에도 각각 7, 8개씩의 해골들이 사뭇 고통스런 표정을 하고 제각기 울부짖고 있다.
　가다가 한 해골이 기를 쓰며 외쳐댔다.
　—나는 그렇게 살 수밖에 어쩔 수가 없었어!
　또 한 해골도 기를 쓰며 외쳐댔다.
　—나도 그렇게 살 수밖에 어쩔 수가 없었어!
　또 한 해골도 기를 쓰며 외쳐댔다.
　—나도 그렇게 살 수밖에 어쩔 수가 없었어!
　모든 해골이 따라서 외쳐댔다.
　—나도
　—나도
　—나도
　이때 제단 위 해골이 신음하며 애원하는 목소리를 냈다.
　—아버지! 저들을 용서하여 주십시오.
　　제 자신이 사람으로 태어나 저들과 함께 살아 보았지만 저들은 자신들이 어찌할 바를 지금도 모르고 있습니다. 하늘에 계신 아버지, 저들을 용서해 주십시오. 저들이 이 무명에서 벗어나지 못하는 한 나도 당신 나라를 차지할 수가 없습니다.

그때 오른쪽 구석에 있던 한 해골이 외쳤다.
―하느님, 하느님 아버지! 모든 것이 제 탓이요, 제 탓이요, 제 큰 탓이로소이다!
이 말이 끝나자 그 해골에게는 굴 천장으로부터 한아름의 빛이 내려오더니 그 해골은 마치 털벌레가 나비로 변하듯 갓난애기 모양이 되어 하늘로 올라가 사라졌다.
그러나 다른 해골들은 이 사실을 아무 것도 모르는 듯 그저 "어쩔 수 없었어"만 연발하여 울부짖음을 계속했다.

두 가지 잠언(箴言)

어려서부터 악지가 세었던 나에게 옛 선비였던 아버지께서는 돌아가시기 바로 전전날, 병석 머리맡에 나를 불러 앉히시고는
"너는 매사에 기승(氣勝)을 말라. 아무리 네가 옳고 바른 일에라도……" 하시면서 《채근담》을 손수 펼쳐 짚어 보이신 것이 '인생은 조금 줄여서 사는 것이 곧 조금 초탈해 사는 것이니라(人生 減省一分 便 超脫一分)' 라는 구절이었다.
 저때 나는 대학생으로 일본에 유학하면서 한창 시건방지고 과대망상에 빠져 있던 시절이라 저러한 아버지의 훈계에 크게 깨닫고 마음을 고쳐먹기보다 노쇠한 영감님의 소극적 인생관이라고 여겼었다는 게 숨김없는 고백이 될 것이다.
 한편 역시 그 시절, 나는 가톨릭 신부인 형에게 나의 정신적 오뇌와 절망을 때마다 글발로 적어 보냈는데 그 어느 답장에 적혀 온 것이 바로 아시시 프란체스코 성인의 말씀으로 '하느님께서 너에게 내려주신 모든 복(은혜)을 도로 거두어 도둑들에게 나누어 주셨더라면 하느님께서는 크게 감사를 받으실 것을……' 이었다.
 실로 허를 찔린 느낌이었다. 그러나 앞의 아버지의 유훈처럼 그 당장 나의 개심(改心)이나 지족안분(知足安分)에 나아가지는 못하고 오히려 자기 안주(安住)의 운명관이라고 저항감마저 일으켰던 게 사실이다.

 그러나 저 아버지의 유훈과 형의 교훈은 그 어느 경전의 잠언이

나 경구(警句)보다도 내 마음속에 깊이 새겨져 살아 있었으며 더구나 인생을 살아오며 내 탓으로 또는 뜻밖의 여러 곤경과 격난을 치르면서 저 훈계들이 나의 성정(性情)과 앞날을 통찰한 예언적 지침이었음을 깨닫게 되었다.

그리고 내가 심신(心身)이 더불어 유약하면서도 이렇듯 70을 넘겨 살며 또한 큰 망신 없이 지내고 있음이 저 아버지의 유훈과 형의 교훈 덕분임을 이렇듯 서슴없이 말하게끔 되었다.

5

봄맞이 춤

봄맞이 춤

옛 등걸 매화가
흰 고깔을 쓰고
학(鶴)춤을 추고 있다.

밋밋한 소나무도
양팔에 푸른 파라솔을 들고
월츠를 춘다.

수양버들 가지는 자진가락
앙상한 아카시아도
빈 어깨를 절쑥대고
대숲은 팔굽과 다리를 서로 스치며
스텝을 밟는다.

길 언저리 소복한 양지마다
잡초 어린것들도 벌써 나와
하늘거리고

땅 밑 창구멍으로 내다만 보던
씨랑 뿌리랑 벌레랑 개구리도
봄의 단장을 하느라고

무대 뒤 분장실 같다.

바람 속의 봄도
이제는 맨살로 살랑댄다.

봄 빨래

보리밭 옆구리
수양버드나무가
강에다 머리를 감는다.

햇발이 물밑에서
금모래로 아른거리며
머뭇거리고 흐른다.

땅속에서 갓나온
청개구리들모양 엎드려
마을 새댁과 처녀들이
봄 빨래가 한창이다.

철썩 철썩,
딱딱, 쭈룩, 쭈룩,
마치 흰떡을 치고
주무르듯 하며

짹 짹, 종알종알,
캬들캬들, 캑 캑,
힝힝, 해해 들이다.

말띠 딸을 낳고 시아버지에게
눈치가 뵈던 얘기,
극성맞은 시어머니 얘기,
시큰둥스러운 학생 올케의 얘기,
휴가 왔다 간 남편 얘기,
○○당(黨) 망나니 얘기,

아롱진 저 정경 속엔
청상과수의 수틀처럼
아직도 서러운 사정들이
얼룩져 있다.

봄 국화

매머드 아파트 창가에
귤 상자 조각을 막고
50원어치 흙을 사다
10원어치 씨를 뿌린 봄 국화가
노랑
빨강
분홍
연두
흰빛 등
꽃술을 달고 있다.

인공(人工) 속에 홀로 핀 자연의 숨결!

봄 아침의 햇살이 찾아들다
눈부시어 돌아서고

맞은편 채 3층에서 분홍 이불을
혓바닥같이 드리우던 댄서 아가씨가
눈을 가늘게 뜨고 건너다보고

위 6층에서 재즈곡을 듣던 대학생이

부스스한 머리의 비듬을 털면서
내려다보고

아래층 은행 수위집 마누라가 수건을 쓰고
총채로 방석을 내털다가
쳐다보고

옆집 정년퇴직한 홀늙은이가
어항에 물을 갈아주다
고개를 외로 돌려보고

왼편 집 꼬마 형제가
소꿉 세간을 늘어놓다
돌아다보고

한길에 방울을 흔들며 지나가던
두부장수가
고개를 치켜 쳐다보고

손수레를 밀고 지나가던
빙과장수도
땀을 씻으며 쳐다보고

이 방 앳된 안주인은
손조리로 물을 주며
방금, 혓바닥을 몇 번씩이나 깨물리며

떠밀어 출근시킨
서방님 생각을 어이없이 하면서
생글생글 웃는다.

봄 바다 3장

1. 아침 바다

아침 바다는
하마 크나큰 물고기 잔등
쏟아지는 햇살에
온통 은비늘로 덮였네.

아침 바다는
눈부시게 넓은 꽃밭
은꽃 금꽃이 튀어 피는데
휘도는 갈매기들이
나비 되어 날아다니네.

2. 낮 바다

바다도 대낮이면
춘곤을 못 이기어
숨결도 없이 잠들면

오가는 배들이
돛대를 내리우고

바다의 봄 꿈을 지키네.

3. 저녁 바다

하늘 울타리에 매달려
빨가장이 타던 호박뎅이
제 김에 못 이겨 떨어지면

바다는 닐름 삼켜 버리고
거북등 같은 섬들이
어스름 속에서 늠실거리네.

어느 꽃씨의 전설

서울 남산 팔각정에서
어떤 발레리나가
색실로 풍선에 꽁꽁 매달아
띄운 꽃씨는

마침 들난이 바람에
장충단 성(城) 밑 순이네 깡통집
한줌 뒤꼍에 떨어져
마치 제비가 물고 온 강남 박씨인 양
성(城) 돌 밑에다 기도처럼 심었다가
씨를 다시 받아 껌 은지에 싸서
그 이듬해 천막학교에서 쓴
위문편지 속에 넣어 보내

이것을 받은 일선(一線) 병사는
향로봉이 마주 뵈는 상상봉(上上峰)
참호 입구 앞에다 심어서
그 여름 가을밤 내
〈울밑에 선 봉선화〉를
하모니카에 맞춰 부르더니
또 그해 가을 그 병정은

씨를 받아 배낭 한구석에 넣고
군함을 타고 황해, 인도지나해를 건너서
월남땅에 올라, 다시 뗏목을 타고
여기 다낭 ○○기지.

한 봉지는 병사(兵舍) 앞 화단에 심어
열사(熱射)의 태양에 싹이 말라 죽고
간호장교가 나눠간 한 봉지는
병원 내 빈 약통에 심어서
봉오리마저 맺혔는데

이 꽃이 시들지 않고
아오자이 소녀의 새끼손가락에
물을 들이게 될는지 아닐는지는
아직 두고 보아야 알 일이다.

마을 밤

해묵은 황토벽에
밤이 스미어
벽화마냥 장중하구나.

아배의 영정을 모시고
고풍한 촛대 아래서
어매는 병들어 갔다.

별이 흐르는 마을의 밤을
막차가 아우성치며 지날 무렵
동구(洞口) 마구(馬廏)에선 동자(童子)의 첫 울음이 영롱하고
묏길 상여도가(喪輿都家)집에선 단장한 상여의 곡성(哭聲)이 흐르고
아아, 이 밤의 숨결이 흐르고…….

묘소를 지키는 망두석의
소태처럼 쓰디쓴 고독이여
서거픈 행복이여.

소야곡(小夜曲)

1악장 백야(白夜)

묘석(墓石)인 듯 싸느랗게
질린 종이 위에
이 밤도 달빛을 갈아
나의 비명(碑銘)을 새기노라.

2악장 빙야(氷夜)

비너스도 얼어 떠는 밤.
추억의 화로(火爐)와 마주앉아
숯불모양 스러져 가는
나의 가슴을 부채질하다.

3악장 애야(哀夜)

보고(寶庫)의 열두 문을 열어
황국(黃菊)처럼 시들은 연서(戀書)를 꺼내 안고
내사 말라가기
병든 학(鶴)이러라.

4악장 흑야(黑夜)

묘소(墓所)에선 망령(亡靈)들이
육괴(肉塊)를 찾아 지새는 밤
하루살이들이 검은 제의(祭衣)를 두르고
레퀴엠을 불러 행렬 짓다.

5악장 서야(暑夜)

살인무(殺人舞)의 벽화(壁畵) 아래서
광동(狂童) 한 녀석
부서진 꿈 조각과 회한만을 지니고
망아지마냥 맴돌아.

6악장 고야(苦夜)

피땀으로 노래하는 이 초당(草堂)
겟세마네의 언덕 같고
삐뚤어진 성상(聖像) 밑으로
요물(妖物)들의 찬가가 흐른다.

후송(後誦)

산도
들도
마을도

깊이 잠들면
밤이면 밤마다
이끼 낀 바위에
나 홀로 버티었노라.

아아, 은하(銀河)에 번득이는 운명의 보표(譜表)…….

피
피

뛰어라
멈춰라.

이름 모를 짐승 되어
치를 떤다.

하일서경(夏日敍景)

1. 아침

산과 마을과 들이
푸르른 비늘로 뒤덮여
눈부신데

광목처럼 희게 깔린 농로(農路) 위에
도시에선 약 광고에서나 보는
그런 건장한 사내들이
벌써 새벽 논물을 대고
돌아온다.

2. 낮

이쁜이가 점심함지를
이고 나서면
삽사리도 뒤따른다.

사내들은 막걸리 한 사발과
밥 한 그릇과
단잠 한숨에

거뜬해져서 논밭에 들면
해오리 한 쌍이
끼익 소리를 내며
하늘로 난다.

3. 저녁

저녁 어스름 속에
소를 몰아
지게 지고 돌아온다.

굴뚝 연기와
사립문이 정답다.

태고로부터
산과 마을과 들이
제자리에 있듯이

나라의 진저리나는
북새통에도
이 원경(原景)에만은
안정이 있다.

실향(失鄕) 바다

남빛 바다에 뜬
구름을 타고 헤엄치다
푸성귀마냥 퍼래져서
찰싹이는 파도 이랑을 넘어
베폭처럼 펼쳐진 모래밭에 올라가
지글거리는 태양을 깔고 덮고 뒹굴다가
해당화 붉은 울타리 너머
제물 차일(遮日)의 솔숲으로 들어서
그 푸른 그늘 아래
왕성한 식욕을 채운다.
나의 실향, 나의 실락원,
원산 송도원(松濤園)!

    *

파란 스커트를 걸친
명주빛 젖무덤에다
흰 타올을 두른
용광로 가슴이
황금빛 정열을 퍼부어
천지가 눈부시다.

명사십리.

  *

친구여, 서양 친구*여!
그대는 지중해, 열사의 바다를
삶의 피안으로 삼는가?

아닐세, 그 아닐세,
이글이글 태양과 푸른 바다와
흰 파도와 불꽃이 튀는 모래밭만으로는
우리가 기리는 해방은 없느니,

이렇게 한번 상상해 봄세!
가령, 저 태평양 한복판
사방(四方) 아득히 밀려가고 밀려오는
그 창연(悵然)과 허막(虛漠) 앞에서,

가령, 저 아라비아 사막 뙤약볕 아래
타들어오고 숨막히는 갈증 속에서
이 사람! 어찌 삶을 구가(謳歌)한단 말가?

그것은 진실로 두려운 노릇일세
짐짓 우리 본향(本鄉) 실존의 마을엔
솔숲! 내 원산 송도원과 같은
솔숲을 두어야만 쓰느니

그리고 가끔 차일(遮日)과 같은
서늘한 그늘 아래 쉬어야만 하느니,
친구여, 서양 친구여!

● 서양 친구 : 알베르 까뮈를 가리킨다.

가을 점경(點景)

1

하늘이 멀어져서
거리는 더욱 허전하다.

한 많은 가시내의 넋인 양
가로수 시름없이
낙엽을 지우다.

기쁨도
슬픔도
넘은 행길 위에

멋도 없는 청춘이 가다
가을이 오다.

2

풀잎 뜯어 새김하며 바라보는
산양의 눈에 더 아득해진 하늘

번열(煩熱)이 가시고 난 대지에
코스모스가 하늘거리고

석양 비낀 마을 감나무들이
단란의 등불을 현다.

휘영청 걸린 달 아래
장독대가 빙 돌고

이슬에 목을 축여 가며
벌레들이 지새워 운다.

이 완미(完美)한 조화 속에서
너는 또 무슨 이적(異蹟)을 바라는가?

달밤 2경

1

달이 으슥한 우물 안에서
철렁철렁 목욕을 하다
두레박을 타고 올라와
질옹배기로 흘러 들어간다.

이번엔 햇바가지에 담겨
새댁의 검은 머리채 위서부터
보얀 등허리와 볼록한 앞가슴을
미끄러져 내려
빨랫돌 위에 산산이 부서진다.

달로 씻은 육신(肉身)은 달처럼 희다…….

노란 지붕 위에서
내려다보던 고추들이
얼굴을 더욱 붉힌다.

어느새 중천에 다시 올라간
달을 쳐다보고

박덩이가 쩔쩔매며
넝쿨 뒤로 숨는다.

꽃밭에서 이를 바라보던 봉선화가
너무나 재밌어 꽃잎을 떨구며
눈에 이슬을 단다.

2

강에 달이 둥실.

강낭밭에 그림자가 바삭 버석.

마당의 코스모스가 너울 너울.

뒤란에 장독대가 빙.

지붕 위에 박넝쿨이 살살.

대 숲

대숲에는
무엇이 들어앉았는가.

천년 묵은 이무기 양주(兩主)가
의좋게 방석을 틀고
마주 앉았는가.

머리 푼 원혼(冤魂)이
입술에 피를 묻히고
흐트러진 매무새를
고치며 있는가.

돌미륵이 발이 저려서
가끔 자리를 바꾸며
서성대고 있는가.

바삭 바삭
버석 버석

쑥!

아니, 엉금엉금 두꺼비
네가 그 큰 눈망울을 굴리며
옴 잔등을 긁고 있었구나.

초동(初冬)의 서정(抒情)

상강(霜降)

마지막 잎새마저 떨어진
고목(古木) 가지에
서리 핀 아침이 드맑게 펼쳐 있다.

소년 적 죄그만 가슴의 그리움이던
교리방(敎理房) 수녀의 흰 이마가
아련히 떠오른다.

청렬(淸冽)이 결코 설움은 아니련만
내 눈에는 찬 이슬이 맺힌다.

입동(立冬)

헤식어 가는 햇발이
긴 그림자를 끌고
양지(陽地)를 찾는다.

대지는 번열(煩熱)을 가시고
본래대로 누워 있다.

11월의 일모(日暮)엔
나의 인생도 회귀에 든다.

초설(初雪)

첫눈을 맞을 양이면
행복한 이에겐 행복이 내려지고
불행한 사람에겐 시름이 안겨진다.

보얗게 드리운 밤하늘을
헤치고 가노라면
등불의 거리는 고성소(古聖所)처럼 그윽한데

멀리 어디선가
기항지(寄港地) 없는 뱃고동 같은 게
쉰 소리로 울려온다.

겨울 거리에서

붉은 벽돌 빌딩에 낡은 현수막이
실의(失意)같이 드리운 겨울 일모(日暮),
앉은뱅이 철책 앞 포도(鋪道) 위에
시멘트 지대(紙袋) 조각을 사장(沙場) 삼아
남생이 새끼 몇 마리가
옹기종기 모여 있다.

나목(裸木)의 가로수처럼 앙상한 사내가
뽀얗게 먼지를 쓰고 서서
거미손으로 실을 잡아당길 양이면
남생이는 쪼르륵 쪼르륵 달려나가고
쪼르륵 쪼르륵 달려나가단
종이 사장(沙場)에서 떨어지고

드르륵 드륵 드르륵
은행의 철문이 내려지면
눈앞엔 어둠의 장막이 드리우고
눈도 돌리지 않는 사람의 파도가 밀려
선창(船艙) 같은 혼잡 속에서
버스는 다가오고 떠나가고

딛고 선 아스팔트 밑에
연탄빛 여윈 청계천이 지나가듯
사내의 주린 창자 속에서도
쪼르륵 쪼르륵 남생이가 달려나가고
달려나가단 떨어지고

외론 섬 등대마냥 켜보는 칸델라 불에
종이 조각보는 어안(魚眼)렌즈 속의 해저(海底),
아니면 갈가마귀 새끼 떼들이
내려앉는 무덤,

이 처량한 정경에선
죽은 전우의 송장이라도 다가와
손을 잡으면 반가워 눈물지리.

빙상(氷上)의 발레리나

물 속에 달밤인 얼음 위를
거북 등을 탄 토끼 모양
생글거리며 나오는 발레리나야!

하마, 너는 잔잔한 바닷가에
홀로 구르는 조개로구나.

아니, 너는 외론 섬을 벗하고
찰싹이며 도는 파도로구나.

옳지, 너는 푸른 물결을 차며
날아가는 갈매기로구나.

옳아, 너는 넓적바위 틈을
내려 떨어지는 폭포로구나.

얼시구, 너는 고궁 뜰에
나래 펼친 공작이로구나.

절시구, 너는 제 신명에
미칠 듯 도는 망아지로구나.

좋고, 너는 깊은 소(沼)에서
피어오르는 수련(睡蓮)이로구나.

좋다, 너는 땅에서
갓 뛰어오른 청개구리로구나.

아니면, 너는 한여름밤 강가를
초롱 들고 휘도는 반딧불이로구나.

그렇지, 너는 가을 노을에
그림자 짓는 갈대로구나.

아이구, 너는 한천(寒天)을 날아다니는
마지막 잎새로구나.

나 몰라, 너는 내 눈시울에
맺히는 구슬이로구나.

사막의 달밤인 얼음 위를
나만이 발견했던 샛별이듯
숨고 마는 발레리나야!

오오 육신(肉身)만의 광채(光彩).

여인상(女人像)

드맑은 바램의
이마 위를
명상(瞑想)하듯 굽어진
흑발(黑髮).

상달같이 하소 어린
눈섭 아래

슬기로운 눈이
담화(談話)를 즐기어

성화(聖畵)의 조용한
입술.

드리운 귀가
자비를 말하고

품 높게 도사려
오묘히 부조(浮彫)된 코.

색지(色紙)마냥 고이

물드는 뺨에

흐뭇한 미소가
담기면

보살만큼 부드러운
여인의 마음새는

당사(唐絲)실
당사(唐絲)실.

에로스 소묘(素描)

1

농익은 수밀도(水蜜桃)의 가슴.

꽃무덤 위에 취해 쓰러진
나비.

멜론 향기의 혀.

흰 이를 드러낸 푸른 파도에
자맥질하는 갈매기.

수평선의 아득한 눈 속.

원시림 속의 옹달샘을 마시는
노루.

에로스의 심연(深淵),
원죄(原罪)의 미(美).

2

호롱 하롱 고양이의 요기(妖氣) 서린
얼굴.

삼단 머리채로 휘감은
비너스의 목.

명주(明紬) 젖가슴에 솔개의 발톱자국.

모래시계의 배꼽.

함지박 엉덩이,
아름드리 나무 속살 허벅지.

랑데부 여울목
불지른 봄날의 잔디 두덩.

어둠의 태백(太白) 속
진달래산 담요벼랑 아래
출렁이는 백포(白布)의 파도 위

양팔을 포승(捕繩)으로 조이는
나부(裸婦).

....

비둘기 울음.

숨막히는 찰나, 오오 비의(秘義)!

3

허공에다 새긴다.

그 얼굴
그 목소리
그 미소
그 허벅지

하지만 그 정은
새길 수가 없다.

마음속에 새겨진 것은
형상(形象)이 안 된다.

4

그 알몸을 어루만지던
손으로
흰 수염을 쓰다듬는다.

백금같이 바래진 정념(情念)……

그 사랑은 두레박을 타고
하늘로 올라갔다.

이제 그 시간과 공간은
영원에 이어졌다.

한라산

내염(內焰)을 고이 끝낸
시인의
하품.

정숙한 지어미의
희어진
머리.

겁초(劫初)로부터
명암(明暗)을 이겨 온
현존(現存).

인연의 선악(善惡)에도
여의(如意)로운
부동(不動).

국토신(國土神)의
이궁(離宮).

장수읍(長水邑)

해발 4백20미터의 두메,
여기는 태초의 밝음과
맑음이 오롯하구나.

낮닭 울음이 한가롭고
가끔 새끼 노루도
튀어나온다는 거리.

숨을 들이쉴 제는
풀꽃 내음이 풍겨오고
시내 여울소리가
귀를 씻어준다.

행길에 세운 자전거가
석달 열흘이 되도
그 채로라나!
어른이나 애들 모두가
고산식물(高山植物)을 닮았다.

밤이면 월명(月明)의 피리가락이
들려오는 마을

논개(論介)의 새순이 움트고 자란
바로 그 고장.

실향(失鄕)의 나그네 꿈에
어머니가
영절스레 나타난 곳.

6

무궁화

박두진

그것은 실로 위대한
―한글학회 예순 돌에

그것은 실로 위대한 포부였다.
그 절망의 수렁 속에서도
겨레의 불멸과 부활을 확신하는
위대한 선택이었다.

그것은 총칼의 의거 못지 않은
위대한 항거였다.
자손만대의 앞날을 견준
위대한 경륜이었다.

그것은 한밤
어둠 속의 불기둥이었다.
스스로를 불태워
겨레의 영혼에 불을 붙인
위대한 사랑이었다.

바로 그것이
우리의 슬기를 길러서
겨레의 오늘을 이끌고 있고
겨레의 내일을 이룩해간다.

그대들의 시(詩)

그대들의 시는
흰눈에 햇살이어라.

그대들의 시는
봄비의 새순이어라.

그대들의 시는
꽃밭에 나비이어라.

그대들의 시는
극지(極地)의 탐험대이어라.

그대들의 시는
피 흘리는 제물(祭物)이어라.

그대들의 시는
에로스의 초연(招宴)이어라.

그대들의 시는
좌선삼매(坐禪三昧)이어라.

그대들의 시는
현미경이어라. 망원경이어라.
메스이어라.

그대들의 시는
역우(役牛)의 인고(忍苦)이어라.
봉사(奉仕)이어라.

그대들의 시는
잡초의 짓밟힘에도 눈물짓는
그런 사랑이어라.

오오, 그대들의 시는
동이 트는 아시아의 새 빛!
인류 세계의 새 맥박, 새 고동(鼓動)!

● '86 아시아 시인회의 서울대회 대회장으로서 개회선언 대신 읽은 시임.

열일곱 이 넋들이
—아웅산 순국사절 위령탑 헌시

열 일곱 탑신으로 높이 솟은 이 넋들이
원한을 넘어서서 북녘 향해 합장했네
비원에 목이 메어서 그대들을 부르시네

이념의 그 악몽서 한시바삐 깨어나라
한 겨레 한 울타리 한 품속에 길이 살자
허공에 메아리치는 저 외침을 못 듣는가

님들이 틔워 놓은 선진화의 그 한길을
넓히고 다져가며 줄기차게 나아가서
끊어진 남북의 길도 이어 놓고 마오리다

무궁화

겨레의 새벽부터
이 땅을 수놓은 꽃

겨레와 그 모진 고난을
함께 견디어 온 꽃

이 땅을 지켜온
곧은 절개들의
넋이 서린 꽃

이 땅 겨레에게
오늘의 소중함과 덧없음과
끊임없는 새로운 내일을
일깨워 주는 꽃

나라 꽃 무궁화!

● 류달영 · 염도의 공저 《나라 꽃 무궁화》의 서시임.

새 해

내가 새로워지지 않으면
새해를 새해로 맞을 수 없다.

내가 새로워져서 인사를 하면
이웃도 새로워진 얼굴을 하고

새로운 내가 되어 거리를 가면
거리도 새로운 모습을 한다.

지난날의 쓰라림과 괴로움은
오늘의 괴로움과 쓰라림이 아니요
내일도 기쁨과 슬픔이 수놓겠지만
그것은 생활의 율조(律調)일 따름이다.

흰눈같이 맑아진 내 의식(意識)은
이성(理性)의 햇발을 받아 번쩍이고
내 심호흡(深呼吸)한 가슴엔 사랑이
뜨거운 새 피로 용솟음친다.

꿈은 나의 충직(忠直)과 일치(一致)하여
나의 줄기찬 노동(勞動)은 고독을 쫓고

하늘을 우러러 소박한 믿음을 가져
기도(祈禱)는 나의 일과의 처음과 끝이다.

이제 새로운 내가
서슴없이 맞는 새해
나의 생애, 최고의 성실로써
꽃피울 새해여!

새해 펜을 위한 기원

펜 한 자루로
새해를 맞습니다.
백결(百結) 선생의 가난을 떠올리며
감사히 맞습니다.

올해는 당신의 영능(靈能)으로
저의 펜을 축복하시어 쓰는 글마다
하느님 나라의 꿈이 담기고
흰눈같이 맑은 이성(理性)에 빛나고
옹달샘같이 솟구치는 감성을 지니며
어린 잡초의 짓밟힘에도
눈물짓는
사랑이 되게 하옵소서.

올해는 차라리 저의 펜을
당신의 연모로 쓰시어 쓰는 글마다
모든 이들의 삶의 뿌리를 비추고
모든 이들의 삶의 용기를 북돋고
모든 이들의 쓰라림에 위안을 주며
이 땅에 하느님의 정의와 평화가
꽃피게 하옵소서.

펜 한 자루로 새해를 맞는
저의 가난한 헌신(獻身)을 어여삐 보사
저의 무아(無我)의 염원(念願)을 이뤄주소서.

나의 무능(無能)과 무력(無力)도 감사하고

새해에는 신비의 샘인
목숨의 시간들을
헛된 욕망으로 흐리고 더럽혀서
연탄빛 폐수로 흘려 보내진 않으련다.

나의 삶을 감싸고 있는
신령한 은총에 눈을 떠서
현재로부터 영원을 살며
진선미(眞善美)의 실재를 내 스스로 증거하여 보이리라.

나는 똑똑히 보아 왔노라.
눈에 보이는 사물만을 받들어 섬기고
눈에 보이지 않는 도리(道理)를 외면하던
모든 소유의 무상한 파탄을!

그리고 나는 또한 보아 왔노라
믿음과 희망과 사랑을 굳게 안고
영원의 깊은 요구에 응답하는
마음 가난한 이들의 불멸의 모습을!

이제 나에게는 나의 무능과 무력도 감사하고

이 새해를 살기에 필요로 하는 것은
오직 마음의 순결, 그 하나뿐일세.

새해는 양심의 해

새해 우리가 신비의 샘인 나날과
목숨의 시간들을 흐리고 더럽혀서
폐수로 흘려보내지 않으려면

우리가 사람으로서의 유일의 증표인
저마다의 마음속 밑동에서 울려오는
양심의 소리에 귀 기울이고 살아야 한다.

아무리 오리무중과 같은 시대 속에서도
아무리 칠흑과 같은 어둠 속에서도
인간의 양심은 꺼지지 않는 등불이요

아무리 실패와 좌절의 수렁 속에서도
아무리 파탄과 절망의 구렁 속에서도
인간의 양심은 구원의 동아줄이다.

아무리 풍랑과 격동의 와중(渦中)에서도
아무리 미혹(迷惑)과 방황의 표류(漂流) 속에서도
인간의 양심은 마지막 보루이다.

우리는 저 양심의 소리에 귀 기울여

어제의 잘못과 불의를 뉘우치고
마음의 갈피를 바로잡아야 하며

우리는 저 양심의 소리에 귀 기울여
도리(道理)를 섬겨서 거짓을 물리치고
혼란을 핑계 말고 의무를 지켜야 하며

우리는 저 양심의 소리에 귀 기울여
스스로의 무력(無力)과 위력(偉力)을 깨우쳐서
백열(白熱)하는 성실로 땀흘려 일해야 하며

또한 우리는 저 양심의 빛으로
나날의 시련과 고난을 값지게 알고
기쁨과 슬픔을 생활의 율조(律調)로 삼고

남의 불행을 함께 울며 아파하고
남을 위하여 자신을 희생할 줄 알고
역사의 정의로운 전진을 굳게 믿고
인류의 내일에 티 없는 희망을 갖는다.

우리가 저렇듯 저마다의 양심이
발동하는 새해를 이루기에는
먼저 자신의 성악(性惡)과의 싸움에서
자기의 양심이 이겨야 하고

우리가 저렇듯 저마다의 양심이

지배하는 세상을 이루기에는
그 어떤 엄청난 악의 세력에게도
자기의 양심을 팔지 말아야 하며

저러한 안팎 양심의 승리로서만이
새해를 새해로 맞아 살 수가 있고
삶의 보람과 기쁨을 맛볼 수가 있다.

이제 나의 양심과 너의 양심과
모든 이의 양심이 함께 꽃피어
떳떳하게 서슴없이 맞는 새해!

권세가는 그 양심의 소리에 따라
불법과 횡포에 나아가지 않고
기업가는 그 양심의 소리에 따라
사리사욕(私利私慾)에 사로잡히지 않고
지성인(知性人)은 그 양심의 소리에 따라
아는 것과 행하는 것이 다르지 않고
종교가는 그 양심의 소리에 따라
영원히 사는 모습을 몸소 보여주고
기술자는 그 양심의 소리에 따라
가짜와 불량품을 만들어 내지 않아서

이제 나의 양심과 너의 양심과
모든 이의 양심이 함께 꽃피어
새해 우리가 새로 이룩할 세상은

모든 식탁에서 유해식품이 사라지고
하늘과 강에서 매연과 오염이 스러지고
거리에서 사람이 차에 치여 죽지 않고
대낮에 노상강도나 날치기를 당하지 않고
학원에서 데모가 자취를 감추고
깨끗하고 공명한 선거가 치러지고
부당한 납세(納稅)나 불법적 탈세(脫稅)를 하지 않고
병자들은 인술(仁術)로서 병을 고치게 되고
법의 공정한 보호를 받아 억울한 일이 없고
지아비와 아내의 정조(貞操)와 구실이 지켜지고
가진 자와 못 가진 자의 간격이 메워져서
공산당이 공포의 대상이 되지 않는
꿀벌 같은 질서와 단합의 사회다.

새해 새아침의 햇발이
축복처럼 쏟아지는 이 시간
새해는 양심의 해가 될 것을
하늘에 빌며 다짐한다.

우리의 8월

8월
우리의 8월은
어디로 갔는가?

녀석들의 팔뚝같이 굵고 붉은 밧줄에 옭혀갔는가?
허기진 세월, 밀가루에 팔려갔는가?
어느 섬, 박물관에 가져다 처박아 두었는가?

8월
우리의 8월은
어디로 갔는가?

저 155마일 사각지대(死角地帶)에 갇혀 있는가?
통금(通禁)의 밤을 헤매 떠도는 원령(怨靈)이 되었는가?
남북 하늘을 무심히 흐르는 젖빛 구름이 되었는가?

8월
우리의 8월은
어디로 갔는가?

이제 저마다의 가슴속에서도 식어 가는 우리의 8월

이제 나의 기억 속에서도 희미해 가는 우리의 8월
이제 우리의 꿈속에서도 스러져 가는 우리의 8월

8월
우리의 8월을
달 여행에 눈을 돌이킬망정
일제히 찾아 나서야 한다.

8월의 파랑새를

8월의 파랑새!
너는 지금 어느 시공(時空)을 날고 있는가?

너를 찾아 헤매기 30년,
우리는 이제 비 맞은 모시 두루마기처럼
지쳐 있다.

8월의 파랑새!
원수와 벗들이 어울려 앗아다
허공으로 날려버린
우리의 파랑새!

우리는 오늘 또다시
너를 꿈처럼 껴안았던
저 날의 환희와,
저 날의 참회와,
저 날의 염원과,
저 날의 사랑을,
가슴속에 되살려서
너를 찾아 나서야 한다.

새로 입은 베잠방이처럼
뛸 듯한 생기(生氣)를 되찾아
5천만 우리 모두 다
데탕트를 나서는 우주인(宇宙人)의
그 순수한 심회(心懷)와 단합(團合)으로
8월의 파랑새!
너를 찾아 나서야 한다.

아니, 이제 우리는
우리의 정기(精氣)로
우리의 파랑새를
새로 탄생시켜야 한다.

우리의 8월은 우리가

8월이 우리에게 이렇듯
잔인한 달이 될 줄이야!

그러나 진실로 고민하는 자는
절망하지 않느니

우리는 그 8월의 눈부신 꿈,
뜨거운 사랑, 눈물의 참회(懺悔),
그리고
참된 자유에의 신념을 되찾아

무참히도 살해된 우리의 8월을
우리 힘으로
다시 탄생시켜야 한다.

정녕, 진실로 고민하는 자는
절망하지 않느니

안으로는
혼란을 초월해서 의무를 지키며
거짓을 물리쳐서 명예를 받들고

밖으로는
인류의 미래에 티 없는 희망을 안고
민주사회의 승리를 외곬으로 믿어서

과감하게 또한 조용히
우리의 8월은 우리가
새로 탄생시켜야 한다.

아시아의 아침
―칸타타 〈서울아시안게임〉 찬가

1

오래고 짙은 어둠 속에 잠겼던 아시아에
마침내 동이 트고 눈부신 아침이 왔다.

아시아의 높고 낮은 산맥들과
아시아의 넓고 좁은 평원들과
아시아의 넘실거리는 바다들과
아시아의 출렁거리는 강물들과
아시아의 길게 누운 사막들과
아시아의 이끼 낀 성벽의 도시들과
아시아의 옛 고을과 새 마을들이
아침의 찬란하고 장엄한 빛보라 속에서
제 모습 제 빛깔을 선명히 드러내고

그 속에 무성하게 우거진 초목들과
그 속에 번식하는 금수와 어족들과
또한 그 속에 제가끔의 삶을 영위해 온
여러 나라 겨레의 뭇 백성들이
깊은 잠과 악몽 속에서 일제히 깨어난다.

압박의 굴레와 굴욕의 멍에를 벗고
대립과 분쟁과 갈등의 원한을 털고
눈물과 신음과 한숨의 과거를 씻고
서로가 정의와 자유와 평등과 화해로서
새로운 세기의 새 아침을 맞는 아시아.

이제 아시아는 어둠의 수렁이 아니요
이제 아시아는 숙명의 땅이 아니요
이제 아시아는 폐허와 황야가 아니다.

아시아는 이제 인류 역사의 새 동력이요
아시아는 이제 세계 자원의 새 보고요
아시아는 이제 인류의 새 삶을 마련할
심오한 예지의 산모요 산파요 산실이다.

2

아시아 대륙의 동편 후미진 바닷가에
뜰 안의 꽃동산처럼 아늑한 한반도
유구한 역사의 고요한 아침의 나라

예로부터 군자의 고장으로 불리운 나라
일찍이 아시아의 등불로 노래된 나라

아시아의 전통이 고스란히 살아 있는 나라
아시아의 마음을 오롯이 간직한 나라

아시아의 인정이 물씬 풍기는 나라

지나간 어둠의 시대에 신산과 고초를
어느 겨레보다도 뼈저리게 맛본 나라
아직도 피 흐르는 상처가 아물지 않고
그 생생한 아픔을 지니고 있는 나라

그래서 한국은 아시아의 깊은 잠을
요란스레 흔들어 깨우는 새벽종이요
그래서 한국은 아시아의 새 시대를
앞장서 힘차게 달리는 길잡이요
그래서 한국은 인류 세계의 새날을
또렷이 비추고 밝히는 샛별이다.

친구들이여, 아시아의 젊은 친구들이여!
활기에 넘치는 이 땅의 오늘을 보라
잇따른 비극과 참화의 잿더미 위에다
이른바 한강의 기적을 이룩해 놓은
건설과 부흥의 이 놀라운 현장을 보라
그리고 피땀으로 어둠을 헤치고 뚫은
이 겨레의 밝고 싱싱한 얼굴을 보라.

그래서 우리가 마련하는 이 축제는
약동하는 신생 한국의 오늘을 자축하고
내일의 전진과 도약을 다짐하는 자리며
아시아의 모든 겨레들과 마음을 열어

아시아의 공존과 번영을 함께 이루려는
크낙한 꿈과 뜨거운 사랑의 향연이다.

3

반갑고 고맙고 기쁘다. 친구들이여!
아시아 도처에서 모여 온 친구들이여!

이제 우리는 서로가 이념의 벽을 헐고
이웃 나라의 명예를 서로가 떠받들고
이웃 겨레의 긍지를 서로가 북돋우며
새로운 아시아의 내일을 짊어지고 나갈
서로의 슬기와 솜씨와 힘을 펼쳐 보이자.

하나같이 늠름하고 멋진 선수들이여
넘치는 자신과 투지로 승부를 겨루자
이겨도 져도 떳떳한 시합을 벌이자
후회 없는 경기만이 우리들의 자랑이다.

우리들의 하늘을 찌르는 의기는
아시아의 새로운 기상이요
우리들의 불꽃튀는 열기는
아시아의 새로운 맥박이요
우리들의 펼치는 묘기와 기록은
아시아의 새로운 비약의 상징이다.

우리들은 이 축제를 통하여 서로가
아시아의 한 형제임을 확인하고
우리들은 이 축제를 통하여 서로가
능력과 자질의 다름을 알아내고
우리들은 이 축제를 통하여 서로가
만남과 그 인정의 꽃을 피우고
우리들은 이 축제를 통하여 서로가
협동과 단합의 값진 보람을 깨닫고
우리들은 이 축제를 통하여 서로가
아시아의 희망찬 새 역사를 창조한다.

아시아 모든 겨레의 향연!
아시아 모든 나라의 자랑!
서울 아시아경기 제전!

● 이 교성곡은 나인영 작곡으로 1986년 9월 21일 세종문화회관에서 공연되었다.

태양의 제전(祭典)
―칸타타 〈서울올림픽〉 찬가

1

옛 그리스 사람들이 '제우스'의 숲 기슭 올림피아에서
올림픽 경기를 벌이기도 이전
아득한 그 옛날부터 우리 겨레의 조상들은
백두산 신단수(神檀樹) 아랫마을 신시(神市)에다
동이(東夷)의 여러 부족들을 한데 모아 놓고
해마다 상월(霜月)이면 개천(開天)의 축제를 지냈었다네.

저들은 먼저 하늘에 고사를 드리고
몸과 마음을 옳고 바르게 쓰기를 맹세한 뒤
뜀박질로 날쌔기 내기를 하고
바위를 쳐들어 힘을 겨루고
씨름을 하고, 활을 쏘고, 말달리기를 하고
편을 갈라 진뺏기와 밧줄당기기를 하며
그 흥에 겨워 노래를 부르고, 춤을 추며
낮과 밤을 이어서 잔치를 베풀었다네.

저들은 그 놀이와 잔치를 통하여
사람으로 태어난 기쁨을 서로가 나누며
사람이 지닌 능력의 무한함에 눈뜨고

사람의 재주가 저마다 다름을 알아내고
사람의 만남과 그 인정의 존귀함을 맛보고
사람끼리의 협동의 위력과 그 보람을 깨달아서
마침내 '홍익인간' 이라는 드높은 이상을 앞세워
비로소 이 땅에 첫 나라인 '단군조선' 을 이룩하였다네.

2

막혔던 수문(水門)이 열려 강물이 홍건히 넘쳐흐르듯
이 땅의 활기찬 오늘이 마련하는 지구마을의 잔치
우리는 오늘 '아폴로' 의 예지와 '디오니소스' 의 도취를 지니노라.
오늘 우리가 제주(祭主)가 되어 지내는 이 태양의 제전이
우리에게 솟구치는 기쁨과 그지없는 자랑을 안겨 주노라.

서울의 젖줄 한강의 삼각주 잠실 들녘에
스타디움을 비롯해 경기장이며, 길이며, 꽃밭들을
어떤 이는 앞장서 이끌고 어떤 이들은 뒤에서 밀고
아니, 4천만 모두가 정성을 모으고 구슬땀을 흘려서
이 인류의 전당을 우리의 손으로 이룩해 놓고
우리 스스로가 이 엄청난 힘에 놀라고 있노라.
우리 스스로가 이 뛰어난 솜씨에 탄복하고 있노라.
이제 우리의 채비와 뒷바라지로
오대양 육대주에서 모여온 젊은이들이
힘을 겨룬다, 솜씨를 겨룬다, 슬기를 겨룬다.
오오, 우리 겨레와 나라의 자랑, 서울올림픽!

3

잘 왔구나! 멀리서 왔으면 멀리서 와서
가까이서 왔으면 가까이서 와서
반갑구나! 큰 나라에서 왔으면 큰 나라에서 와서
작은 나라에서 왔으면 작은 나라에서 와서
기쁘구나! 검은 빛깔의 친구는 검은 빛깔이어서
흰 빛깔의 친구는 흰 빛깔이어서
누른 빛깔의 친구는 누른 빛깔이어서
더욱 정이 가는구나!

이제 저마다 제 겨레의 긍지를 가슴에 안고
이제 저마다 제 나라의 명예를 등에 지고
이제 저마다 자신과 투지에 넘쳐서
이 자리에 모인 하나같이 늠름한 친구들이여!
우리말의 음향이면 더욱 끝없이 맑은 가을 하늘 아래
당당하게 겨루라, 승리에 나아가라!
이겨도 떳떳하게, 져도 떳떳하게
후회 없는 경기만이 우리들의 목표다.

흰눈에 햇살같이 빛나는 이성과
봄비에 새순 같은 드맑은 감성으로
지나간 세대들이 쌓아온 마음의 벽을
그 어둠의 그림자마저 말끔히 가시고
다함없는 친화와 우정의 꽃을 피워서
인류의 희망찬 내일을 마련하자!

평화로 충만한 세계를 이룩하자!

● 이 시는 강석희 작곡으로 1985년 10월 3일 서울올림픽 주경기장 개장 기념 축제(세종
문화회관)에서 초연되었다.

우리의 파랑새는 우리가
―광복 50돌을 맞으며

1

망국(亡國)의 설움을 맛보지 않고서
8·15 그날의 환희와 그 감격을
어찌 헤아릴 바 있으랴?

꿈속에서만 좇던 파랑새*가
불시에 내 품에 날아든
그 황홀!

보는 사람마다 붙들고
함께 함성을 올리고
만나는 사람마다 붙잡고
눈물을 흘렸다.

어제까지의 그 암담은 어디로 가고
어제까지의 그 절망은 어디로 가고
다함없는 사랑이 우리 가슴에 샘솟고
삶의 용기가 온몸에 용솟음쳤다.

2

그 8월의 파랑새는 삽시간에
판도라의 상자로 변한다.

우리 앞에 나타난 해방의 사자(使者)들은
다짜고짜 이 강토를 두 동강으로 가른다.

북에서 몰려온 '다와리치'• 병정들은
붉은 밧줄로 우리의 사지(四肢)를 되옭았고
남에 밀려온 '헬로' 병정들은 우리의
허기진 창자를 밀가루 포대로 사로잡았다.

그리고 소련제 따발총과 미제 M1 소총을
우리의 손에 나누어 제가끔 들게 하고
마침내 소련은 그 꼭두각시로 하여금
이념의 대리전쟁에 나아가게 하였다.

3

동족의 형제들이 서로 총칼로 겨뤄
피아(彼我) 3백만 명의 죽음을 낸 싸움.
한반도 안의 일체의 것을 재로 만들고
이 또한 겨레의 바람과는 아랑곳없이
덜미잡이들이 어울려 또다시 만들어 놓은
휴전의 분단선!

포문(砲門)과 총구를 마주 겨누며 마흔두 해!
우리는 동서의 해빙에도 눈이 멀었으며
우리는 공산당의 몰락에도 귀가 먹었고
분단국가 통일도 남의 일일 뿐이었다.
그러나 우리 남쪽은 그 반 동강에서나마
잇닿은 비극과 참화 속에서도 피땀으로
이른바 한강의 기적을 알차게 이룩하고
자유와 민주의 터전을 닦아 놓았으나
북녘은 아직도 허깨비 이념에 사로잡혀
철창 없는 감옥 속에서 헐벗고 굶주리며
이 광복 50돌을 맞는다.

4

이제 우리는 저 8월의 파랑새
원수와 벗들이 어울려 앗아다가
허공으로 날려버린 우리의 파랑새
진정한 해방과 완전한 독립을
우리 스스로가 찾아 나서야 한다.

우리가 그날 너를 꿈처럼 껴안았던
그 환희와 사랑과 염원을 되새기며
남북 6천5백만 겨레 모두가 함께
랑데부를 나서는 우주인의 심정으로
8월의 파랑새 너를 찾아 나서야 한다.

아니, 이제 우리는 겨레의 정기(精氣)로
우리의 파랑새를 탄생시켜야 한다.
진정한 해방과 완전한 독립을
우리의 힘으로 이루어내야 한다.

- 이 시는 1995년 8월 15일 서울올림픽경기장에서 열린 광복 50돌 경축제에서 낭독된 것임.
- 파랑새 : 벨기에 작가 메테를링크의 동화극에 나오는 꿈의 새. 행복의 상징.
- 다와리치 : 러시아어로 '동지' 라는 뜻임.

세종대왕을 기리고 그리며

1

세종대왕의 위대하고 찬란하고 무수한
그 치적과 업적과 공덕의 바탕에는
올곧은 인륜정신이 뿌리한다.

뭇 백성들이 참된 삶의 길에 눈멀고
제 뜻을 밝히지 못함을 민망히 여겨
한글 창제와 인쇄술의 개량을 이루고
정권의 유지보다 진리탐구를 앞세워
집현전 학자들에게 연구휴가를 주었으며
정책도 관원들을 교대해 가며 협의했다.

2

세종대왕의 위대하고 찬란하고 무수한
그 치적과 업적과 공덕의 바탕에는
뜨거운 박애정신이 넘쳐흐른다.

짐승이 제 살 곳을 얻지 못하더라도
이를 모른 체하기가 가슴 아프거늘

하물며 사람에 있어서랴!고 탄식하며
천민의 차별과 학대를 몹시 개탄하고
가난 질병 불우만 아니라 죄수에게도
자비를 베풀 것을 교서로써 타일렀다.

3

세종대왕의 위대하고 찬란하고 무수한
그 치적과 업적과 공덕의 바탕에는
자주적 과학정신이 투철했다.

농업생산의 그 근본적 개량을 위해서
천문 관측기구의 제작과 영농서의 발간
국민보건에는 각종 의약서를 편찬하고
국방에는 북방 영토를 확충 확정하며
신병기의 개발 및 군용 선박을 개량하고
병서의 간행 등으로 국가안보를 다졌다.

4

세종대왕의 위대하고 찬란하고 무수한
그 치적과 업적과 공덕의 바탕에는
예술적 창조정신이 발휘됐다.

스스로 지으신 〈월인천강지곡〉을 비롯해
〈석보상절〉이나 〈용비어천가〉의 국문체와

시가 설화 등 국문학의 탄생을 보았고
한편 향악의 창작을 적극 장려하여
새로운 악보의 제정과 악기의 제작 등
국악의 진흥 발전에 새 기원을 이뤘다.

5

오늘 세종대왕 탄신 6백 돌을 맞으며
우리 앞에 가로놓인 현실을 바라볼 제
님을 기리기마저 부끄럽고 송구스럽다.

하지만 당신의 넋은 저승에서도 정녕
이 겨레 이 나라를 굽어보고 계시리니
우리의 삶과 세상살이 바로잡게 하시고
당신이 바로 실천하고 이룩하고 빛내신
인륜을 바탕으로 한 문화와 과학이
함께 전진하는 나라를 이루게 하소서.

● 이 송축시는 1997년 5월 15일 경복궁 근정전에서 거행된 세종 탄신 600돌 경축식전에서 낭독하였음.

펜의 명(銘) 2

그대들의 펜은
흰눈에 햇살 같은
드맑은 이성(理性)을 지녀야 한다.

그대들의 펜은
봄비에 새순처럼
신선한 감성(感性)을 지녀야 한다.

그대들의 펜은
꽃밭의 나비인 양
분방한 자유를 지녀야 한다.

그대들의 펜은
태산(泰山)을 정복하는
알피니스트의 용기를 지녀야 한다.

그대들의 펜은
전초(前哨)수색대의
촉각과 신속을 지녀야 한다.

그대들의 펜은

세균을 검사하는
현미경의 엄밀을 지녀야 한다.

그대들의 펜은
외과의(外科醫)의 메스인 듯
예리한 정확성을 지녀야 한다.

그대들의 펜은
멍에를 멘 역우(役牛)의
인고(忍苦)를 지녀야 한다.

그대들의 펜은
미물(微物)의 짓밟힘에도 눈물짓는
그지없는 사랑이어야 한다.

그대들의 펜은
신라 화랑도의 드높은
신명과 풍류를 지녀야 한다.

그대들의 펜은
아폴로의 예지와
디오니소스의 도취를 지녀야 한다.

이제 그대들의 펜은
저러한 바람과 다짐 속에서
그물코모양 얽히고 설킨 세상살이를

도리(道理)나 사리(事理)로 명확히 분간해 보이고

이 겨레의 양심에 불을 밝히고
그 삶의 슬기와 용기를 북돋아
이 땅에 정의와 자유와 평화를
샘솟게 하고 꽃피게 하여야 한다.

● 이 시는 1993년 11월 2일 〈문화일보〉 창간 1주년 축시로 쓴 것임.

저작 연보

1946 북한 원산에서 시집 《응향》에 작품이 수록되어 필화를 입음.
1951 시집 《구상》 펴냄.
1953 사회평론집 《민주고발》 펴냄.
1956 시집 《초토의 시》 펴냄.
1960 수상집 《침언부어(沈言浮語)》 펴냄.
1975 《구상 문학선》 펴냄.
1976 수상집 《영원 속의 오늘》 펴냄.
1977 수필집 《우주인과 하모니카》 펴냄.
1978 신앙 에세이 《그리스도 폴의 강(江)》 펴냄.
1979 묵상집 《나자렛 예수》 펴냄.
1980 시집 《말씀의 실상》 펴냄.
1981 시집 《까마귀》, 시문집 《그분이 홀로서 가듯》 펴냄.
1982 수상집 《실존적 확신을 위하여》 펴냄.
1984 자전 시집 《모과 옹두리에도 사연이》, 시선집 《드레퓌스의 벤취에서》 펴냄.
1985 수상집 《한 촛불이라도 켜는 것이》, 서간집 《딸 자명에게 보낸 글발》, 《구상 연작시집》 펴냄.
1986 《구상 시전집》, 수상집 《삶의 보람과 기쁨》 펴냄. 파리에서 불역(佛譯) 시집 《타버린 땅》 펴냄
1987 시집 《개똥밭》 펴냄.
1988 수상집 《시와 삶의 노트》, 시집 《다시 한 번 기회를 주신다면》, 시론집 《현대시창작 입문》, 이야기 시집 《저런 죽일 놈》 펴냄.
1989 런던에서 영역(英譯) 시집 《타버린 땅》 펴냄. 시화집 《유치찬란》 펴냄.
1990 한영대역(韓英對譯) 시집 《신령한 새싹》, 영역(英譯) 시화집 《유치찬란》 펴냄.
1991 런던에서 영역(英譯) 연작시집 《강과 밭》 펴냄. 시선집 《조화(造化) 속에서》 펴냄.
1993 자전 시문집 《예술가의 삶》 펴냄
1994 독일 아흔에서 독역(獨譯) 시집 《드레퓌스의 벤치에서》 펴냄. 희곡 시나리오집 《황진이(黃眞伊)》 펴냄.
1995 수필집 《우리 삶, 마음의 눈이 떠야》 펴냄.
1996 연작시선집 《오늘 속의 영원, 영원 속의 오늘》 펴냄.
1997 프랑스 라 디페랑스 출판사로부터 세계 명시선의 하나로 선정되어, 한불대역(韓佛對譯) 시집 《오늘·영원》 펴냄. 스톡홀름에서 스웨덴어

	역(譯) 시집 《영원한 삶》 펴냄. 영국 옥스퍼드 대학 출판부에서 출간한 《신성한 영감-예수의 삶을 그린 세계의 시》에 신앙시 4편이 수록됨.
1998	도쿄에서 일역(日譯) 《한국 3인 시집-구상·김남조·김광림》 펴냄. 시집 《인류의 맹점에서》 펴냄.
2000	한국문학영역총서 《초토의 시》 펴냄. 이탈리아 시에나 대학교 비교문학연구소에서 《구상시선》 펴냄.
2001	신앙시집 《두이레 강아지만큼이라도 마음의 눈을 뜨게 하소서》 펴냄.
2002	시집 《홀로와 더불어》, 시선집 《구상》 펴냄. 구상문학총서 제1권 자전시문집 《모과 옹두리에도 사연이》 펴냄. 이탈리아 시에나 대학교 비교문학연구소에서 《초토의 시》 펴냄.

일반 경력

학력

1938　덕원 성 베네딕도 수도원 부설 신학교 중등과 수료
1941　일본대학 전문부 종교과 졸업

경력

언론계
1942-1945　북선매일신문 기자
1948-1950　연합신문 문화부장
1950-1953　국방부 기관지 승리일보 주간
1953-1957　영남일보 주필 겸 편집국장
1961-1965　경향신문 논설위원 겸 동경지국장

교육계
1952-1956　효성여자대학교 문리과대학 부교수
1956-1958　서울대학교 문리과대학 강사
1960-1961　서강대학교 문리과대학 강사
1970-1974　하와이대학교 극동어문학과 조교수
1982-1983　동 대학교 부교수
1985-1986　동 대학교 부설 동서문화연구소 예우작가
1973-1975　가톨릭대학 신학부 대학원 강사
1976-2000　중앙대학교 예술대학 및 대학원 대우교수
　　　　　　(전임교수가 되지 않은 것은 2차의 폐수술로 정규 강의를 못 하고
　　　　　　1주 4시간만 하였기 때문임.)

공직

1986　제2차 아시아시인회의 서울대회장
1991　세계시인대회 명예대회장
1993　제5차 아시아시인회의 서울대회장
그 외
한국 최초 민권수호연맹 문화부장, 국방부 정책자문위원, 독립기념관 이사, 문예진흥원 이사 등 역임

현재
대한민국 예술원 회원
국제펜클럽 한국본부 고문
한국문인협회 고문
성천아카데미 명예원장

상훈
1955 금성화랑 무공훈장
1957 서울시 문화상
1970 국민훈장 동백장
1980 대한민국 문학상 본상
1993 대한민국 예술원상